Plant-Based Palate 2023

Deliciosas Recetas Vegetarianas para una Vida Saludable

Ana Flores

Tabla de contenido

INTRODUCCIÓN 10

Sopa Clásica De Lentejas Con Acelgas 16

Sopa Picante de Farro de Invierno 18

Ensalada De Garbanzos Arcoiris 20

Ensalada De Lentejas Estilo Mediterráneo 22

Ensalada De Espárragos Asados Y Aguacate 24

Ensalada De Judías Verdes A La Crema Con Piñones 26

Sopa de frijoles cannellini con col rizada 28

. Crema abundante de champiñones 29

Auténtica ensalada italiana de panzanella 32

Ensalada De Quinoa Y Frijoles Negros 34

Rica Ensalada De Bulgur Con Hierbas 36

Ensalada Clásica De Pimiento Asado 40

Sopa abundante de quinua de invierno 42

Ensalada De Lentejas Verdes 44

. Sopa De Calabaza Bellota, Garbanzos Y Cuscús 46

. Sopa De Col Con Crostini De Ajo 48

Crema de Sopa de Judías Verdes 51

Sopa de cebolla francesa tradicional ... 53

. Sopa De Zanahorias Asadas ... 55

Ensalada De Pasta Italiana Penne ... 57

Ensalada India Chana Chaat ... 59

Ensalada de fideos y tempeh al estilo tailandés ... 61

Sopa clásica de crema de brócoli ... 63

Ensalada marroquí de lentejas y pasas ... 65

Ensalada De Espárragos Y Garbanzos ... 67

Ensalada de judías verdes a la antigua ... 70

Sopa De Frijoles De Invierno ... 72

Sopa De Champiñones Cremini Estilo Italiano ... 74

Sopa Crema De Patatas Con Hierbas ... 77

Ensalada De Quinoa Y Aguacate ... 79

Ensalada Tabulé Con Tofu ... 81

Ensalada del jardín de las pastas ... 83

Borsch tradicional ucraniano ... 86

Ensalada De Lentejas Beluga ... 89

Ensalada Naan Estilo Indio ... 91

Ensalada De Pimientos Asados Al Estilo Griego ... 93

Sopa De Frijoles Y Papas ... 96

Ensalada De Quinoa De Invierno Con Pepinillos ... 98

Sopa De Hongos Silvestres Asados ... 101

Sopa De Judías Verdes Al Estilo Mediterráneo 103

Crema de Zanahoria 105

Ensalada de pizza italiana de Nonna 108

Sopa cremosa de verduras doradas 110

sopa de coliflor asada 113

VERDURAS Y ACOMPAÑANTES 117

Alcachofas estofadas al vino y limón 118

. Zanahorias Asadas Con Hierbas 120

Judías verdes estofadas fáciles 122

Col rizada estofada con semillas de sésamo 124

Verduras asadas de invierno 127

Tagine tradicional marroquí 129

Salteado de repollo chino 131

Coliflor salteada con semillas de sésamo 133

Puré De Zanahorias Dulce 135

Hojas de nabo salteadas 137

Puré de papas Yukon Gold 139

Acelgas salteadas aromáticas 141

Pimientos morrones salteados clásicos 143

Puré de verduras de raíz 145

. Calabaza Butternut Asada 147

Champiñones Cremini Salteados 149

- Espárragos Asados Con Semillas De Sésamo 151
- Sartén De Berenjenas Al Estilo Griego 153
- Arroz Keto De Coliflor 155
- Col rizada con ajo fácil 157
- Alcachofas Estofadas En Limón Y Aceite De Oliva 159
- Zanahorias asadas con romero y ajo 160
- Judías Verdes al Estilo Mediterráneo 163
- Verduras de la huerta asadas 165
- . Colinabo asado fácil 167
- Coliflor Con Salsa Tahini 169
- Puré de coliflor con hierbas 171
- Sartén De Champiñones Con Ajo Y Hierbas 173
- Espárragos Fritos 175
- Puré de zanahoria y jengibre 177
- Alcachofas Asadas A La Mediterránea 179
- Col rizada estofada al estilo tailandés 182
- Puré de colirrábano sedoso 184
- Espinacas salteadas a la crema 186
- Colinabo salteado aromático 188
- Repollo estofado clásico 190
- Zanahorias salteadas con semillas de sésamo 192
- Zanahorias Asadas Con Salsa De Tahini 194

Coliflor asada con hierbas 196

Puré cremoso de brócoli y romero 199

Sartén fácil de acelgas 201

Col rizada estofada con vino 203

Judías verdes francesas 205

Puré de nabo mantecoso..207

Calabacines salteados con hierbas 209

Puré de batatas 211

Trompeta Rey Asada al Jerez..214

Puré de remolacha y patata 216

Gachas De Quinoa Con Higos Secos 219

Budín de pan con pasas 221

INTRODUCCIÓN

Solo hasta hace poco tiempo, más y más personas están comenzando a adoptar el estilo de vida de dieta basada en plantas. En cuanto a qué es exactamente lo que ha atraído a decenas de millones de personas a este estilo de vida, es discutible. Sin embargo, existe una creciente evidencia que demuestra que seguir un estilo de vida basado principalmente en plantas conduce a un mejor control del peso y a una salud general, libre de muchas enfermedades crónicas. ¿Cuáles son los beneficios para la salud de una dieta basada en plantas? Resulta que comer a base de plantas es una de las dietas más saludables del mundo. Las dietas veganas saludables incluyen muchos productos frescos, cereales integrales, legumbres y grasas saludables como semillas y frutos secos. Son abundantes en antioxidantes, minerales, vitaminas y fibra dietética. Las investigaciones científicas actuales señalaron que un mayor consumo de alimentos de origen vegetal se asocia con un menor riesgo de mortalidad por afecciones como enfermedades cardiovasculares, diabetes tipo 2, hipertensión y obesidad. Los planes de alimentación vegana a menudo se basan en gran medida en alimentos básicos saludables, evitando los productos de origen animal que están cargados de antibióticos, aditivos y hormonas. Además, consumir una mayor proporción de aminoácidos esenciales con proteína animal puede ser perjudicial para la salud humana. Dado que los productos de origen animal contienen mucha más grasa que los alimentos de origen vegetal, no sorprende que los estudios hayan demostrado que los carnívoros tienen una tasa de obesidad nueve veces mayor que los veganos. Esto nos lleva al siguiente punto, uno de los mayores beneficios de la dieta vegana: la pérdida de peso. Si bien muchas personas eligen vivir una vida vegana por razones éticas, la dieta en sí puede ayudarlo a lograr sus objetivos de pérdida de peso. Si está luchando para cambiar de peso, es posible que desee considerar probar una dieta basada en plantas. ¿Cómo exactamente? Como vegano, reducirás la cantidad de alimentos ricos en calorías, como los productos lácteos enteros, el pescado graso, la carne de cerdo y otros alimentos que contienen colesterol, como los huevos. Trate de reemplazar esos alimentos con alternativas ricas en fibra y proteínas que lo mantendrán satisfecho por más tiempo. La clave es centrarse en alimentos ricos en nutrientes, limpios y naturales y evitar las calorías vacías como el azúcar, las grasas saturadas y los alimentos altamente procesados. Aquí hay algunos trucos que me ayudan a mantener mi peso con la dieta vegana durante años. Yo como verduras como plato principal; Consumo grasas buenas con moderación: una grasa buena como el aceite de oliva no engorda; Hago ejercicio regularmente y cocino en casa. ¡Disfrutar! Si está luchando para cambiar de peso, es posible que desee considerar probar una dieta basada en plantas. ¿Cómo exactamente? Como vegano, reducirás la cantidad de alimentos ricos en calorías, como los productos lácteos enteros, el pescado graso, la carne de cerdo y otros alimentos que contienen colesterol, como los huevos. Trate de reemplazar esos alimentos con alternativas ricas en fibra y proteínas que lo mantendrán satisfecho por más tiempo. La clave es centrarse en alimentos ricos en nutrientes, limpios y naturales y evitar las calorías vacías como el azúcar, las grasas saturadas y los alimentos altamente procesados. Aquí hay algunos trucos que me ayudan a mantener mi peso con la dieta vegana durante años. Yo como verduras como plato principal; Consumo grasas buenas con moderación: una grasa buena como el aceite de oliva no engorda; Hago ejercicio regularmente y cocino en casa. ¡Disfrutar! Si está luchando para cambiar de peso, es posible que desee considerar probar una dieta basada en plantas. ¿Cómo exactamente? Como vegano, reducirás la cantidad de alimentos ricos en calorías, como los productos lácteos enteros, el pescado graso, la carne de cerdo y otros alimentos que contienen colesterol, como los huevos. Trate de reemplazar esos alimentos con alternativas ricas en fibra y proteínas que lo mantendrán satisfecho por más tiempo. La clave es centrarse en alimentos ricos en nutrientes, limpios y naturales y evitar las calorías vacías como el azúcar, las grasas saturadas y los alimentos altamente procesados. Aquí hay algunos trucos que me ayudan a mantener mi peso con la dieta vegana durante años. Yo como verduras como plato principal; Consumo grasas buenas con moderación: una grasa buena como el aceite de oliva no engorda;

Hago ejercicio regularmente y cocino en casa. ¡Disfrutar! ¿Cómo exactamente? Como vegano, reducirás la cantidad de alimentos ricos en calorías, como los productos lácteos enteros, el pescado graso, la carne de cerdo y otros alimentos que contienen colesterol, como los huevos. Trate de reemplazar esos alimentos con alternativas ricas en fibra y proteínas que lo mantendrán satisfecho por más tiempo. La clave es centrarse en alimentos ricos en nutrientes, limpios y naturales y evitar las calorías vacías como el azúcar, las grasas saturadas y los alimentos altamente procesados. Aquí hay algunos trucos que me ayudan a mantener mi peso con la dieta vegana durante años. Yo como verduras como plato principal; Consumo grasas buenas con moderación: una grasa buena como el aceite de oliva no engorda; Hago ejercicio regularmente y cocino en casa. ¡Disfrutar! ¿Cómo exactamente? Como vegano, reducirás la cantidad de alimentos ricos en calorías, como los productos lácteos enteros, el pescado graso, la carne de cerdo y otros alimentos que contienen colesterol, como los huevos. Trate de reemplazar esos alimentos con alternativas ricas en fibra y proteínas que lo mantendrán satisfecho por más tiempo. La clave es centrarse en alimentos ricos en nutrientes, limpios y naturales y evitar las calorías vacías como el azúcar, las grasas saturadas y los alimentos altamente procesados. Aquí hay algunos trucos que me ayudan a mantener mi peso con la dieta vegana durante años. Yo como verduras como plato principal; Consumo grasas buenas con moderación: una grasa buena como el aceite de oliva no engorda; Hago ejercicio regularmente y cocino en casa. ¡Disfrutar! Trate de reemplazar esos alimentos con alternativas ricas en fibra y proteínas que lo mantendrán satisfecho por más tiempo. La clave es centrarse en alimentos ricos en nutrientes, limpios y naturales y evitar las calorías vacías como el azúcar, las grasas saturadas y los alimentos altamente procesados. Aquí hay algunos trucos que me ayudan a mantener mi peso con la dieta vegana durante años. Yo como verduras como plato principal; Consumo grasas buenas con moderación: una grasa buena como el aceite de oliva no engorda; Hago ejercicio regularmente y cocino en casa. ¡Disfrutar! Trate de reemplazar esos alimentos con alternativas ricas en fibra y proteínas que lo mantendrán satisfecho por más tiempo. La clave es centrarse en alimentos ricos en nutrientes, limpios y naturales y evitar las calorías vacías como el azúcar, las grasas saturadas y los alimentos altamente procesados. Aquí hay algunos trucos que me ayudan a mantener mi peso con la dieta vegana durante años. Yo como verduras como plato principal; Consumo grasas buenas con moderación: una grasa buena como el aceite de oliva no engorda; Hago ejercicio regularmente y cocino en casa. ¡Disfrutar! Consumo grasas buenas con moderación: una grasa buena como el aceite de oliva no engorda; Hago ejercicio regularmente y cocino en casa. ¡Disfrutar! Consumo grasas buenas con moderación: una grasa buena como el aceite de oliva no engorda; Hago ejercicio regularmente y cocino en casa. ¡Disfrutar!

SOPAS Y ENSALADAS

Sopa Clásica De Lentejas Con Acelgas

(Listo en unos 25 minutos | Porciones 5)

Por ración: Calorías: 148; Grasa: 7,2 g; Carbohidratos: 14,6 g; Proteína: 7,7 g

Ingredientes

2 cucharadas de aceite de oliva

1 cebolla blanca, picada

1 cucharadita de ajo picado

2 zanahorias grandes, picadas

1 chirivía, picada

2 tallos de apio, picados

2 hojas de laurel

1/2 cucharadita de tomillo seco

1/4 cucharadita de comino molido

5 tazas de caldo de verduras asadas

1 ¼ tazas de lentejas marrones, remojadas durante la noche y enjuagadas

2 tazas de acelgas, cortadas en pedazos

Direcciones

En una olla de fondo grueso, caliente el aceite de oliva a fuego moderado. Ahora, saltea las verduras junto con las especias durante unos 3 minutos hasta que estén tiernas.

Incorporar el caldo de verduras y las lentejas, llevándolo a ebullición. Inmediatamente encienda el fuego a fuego lento y agregue las hojas de laurel. Deja que se cocine durante unos 15 minutos o hasta que las lentejas estén tiernas.

Agregue las acelgas, cubra y deje hervir a fuego lento durante 5 minutos más o hasta que las acelgas se marchiten.

¡Sirve en tazones individuales y disfruta!

Sopa Picante de Farro de Invierno

(Listo en unos 30 minutos | Porciones 4)

Por porción: Calorías: 298; Grasa: 8,9 g; Carbohidratos: 44,6 g; Proteína: 11,7 g

Ingredientes

2 cucharadas de aceite de oliva

1 puerro mediano, picado

1 nabo mediano, en rodajas

2 pimientos italianos, sin semillas y picados

1 chile jalapeño, picado

2 papas, peladas y cortadas en cubitos

4 tazas de caldo de verduras

1 taza de farro, enjuagado

1/2 cucharadita de ajo granulado

1/2 cucharadita de cúrcuma en polvo

1 laurel

2 tazas de espinaca, en trozos

Direcciones

En una olla de fondo grueso, caliente el aceite de oliva a fuego moderado. Ahora, saltea el puerro, el nabo, los pimientos y las patatas durante unos 5 minutos hasta que estén tiernos y crujientes.

Incorporar el caldo de verduras, el farro, el ajo granulado, la cúrcuma y el laurel; llevarlo a ebullición.

Inmediatamente encienda el fuego a fuego lento. Deja que se cocine por unos 25 minutos o hasta que el farro y las papas se hayan ablandado.

Agregue las espinacas y retire la olla del fuego; deja reposar la espinaca en el calor residual hasta que se marchite. ¡Buen provecho!

Ensalada De Garbanzos Arcoiris

(Listo en unos 30 minutos | Porciones 4)

Por porción: Calorías: 378; Grasa: 24g; Carbohidratos: 34,2 g; Proteína: 10,1 g

Ingredientes

16 onzas de garbanzos enlatados, escurridos

1 aguacate mediano, en rodajas

1 pimiento, sin semillas y en rodajas

1 tomate grande, en rodajas

2 pepinos, cortados en cubitos

1 cebolla roja, en rodajas

1/2 cucharadita de ajo picado

1/4 taza de perejil fresco, picado

1/4 taza de aceite de oliva

2 cucharadas de vinagre de sidra de manzana

1/2 lima, recién exprimida

Sal marina y pimienta negra molida, al gusto

Direcciones

Echar todos los ingredientes en una ensaladera.

Coloque la ensalada en su refrigerador durante aproximadamente 1 hora antes de servir.

¡Buen provecho!

Ensalada De Lentejas Estilo Mediterráneo

(Listo en unos 20 minutos + tiempo de enfriamiento | Porciones 5)

Por ración: Calorías: 348; Grasa: 15g; Carbohidratos: 41,6 g; Proteína: 15,8 g

Ingredientes

- 1 ½ tazas de lentejas rojas, enjuagadas
- 1 cucharadita de mostaza delicatessen
- 1/2 limón, recién exprimido
- 2 cucharadas de salsa tamari
- 2 tallos de cebollín, picados
- 1/4 taza de aceite de oliva virgen extra
- 2 dientes de ajo, picados
- 1 taza de lechuga mantecosa, cortada en trozos
- 2 cucharadas de perejil fresco, picado
- 2 cucharadas de cilantro fresco, picado

1 cucharadita de albahaca fresca

1 cucharadita de orégano fresco

1 ½ tazas de tomates cherry, cortados a la mitad

3 onzas de aceitunas Kalamata, sin hueso y partidas por la mitad

Direcciones

En una cacerola grande, ponga a hervir 4 ½ tazas de agua y las lentejas rojas.

Inmediatamente encienda el fuego a fuego lento y continúe cocinando las lentejas durante unos 15 minutos o hasta que estén tiernas. Escurrir y dejar enfriar por completo.

Pasa las lentejas a una ensaladera; mezcle las lentejas con los ingredientes restantes hasta que estén bien combinados.

Servir frío o a temperatura ambiente. ¡Buen provecho!

Ensalada De Espárragos Asados Y Aguacate

(Listo en unos 20 minutos + tiempo de enfriamiento | Porciones 4)

Por porción: Calorías: 378; Grasa: 33,2 g; Carbohidratos: 18,6 g; Proteína: 7,8 g

Ingredientes

1 libra de espárragos, recortados, cortados en trozos pequeños

1 cebolla blanca, picada

2 dientes de ajo, picados

1 tomate Roma, en rodajas

1/4 taza de aceite de oliva

1/4 taza de vinagre balsámico

1 cucharada de mostaza molida a la piedra

2 cucharadas de perejil fresco, picado

1 cucharada de cilantro fresco, picado

1 cucharada de albahaca fresca, picada

Sal marina y pimienta negra molida, al gusto

1 aguacate pequeño, sin hueso y cortado en cubitos

1/2 taza de piñones, picados en trozos grandes

Direcciones

Comience precalentando su horno a 420 grados F.

Mezcle los espárragos con 1 cucharada de aceite de oliva y colóquelos en una asadera forrada con pergamino.

Hornee durante unos 15 minutos, girando la sartén una o dos veces para promover una cocción uniforme. Deje que se enfríe completamente y colóquelo en su ensaladera.

Mezcle los espárragos con las verduras, el aceite de oliva, el vinagre, la mostaza y las hierbas. Sal y pimienta para probar.

Mezcle para combinar y cubra con aguacate y piñones. ¡Buen provecho!

Ensalada De Judías Verdes A La Crema Con Piñones

(Listo en unos 10 minutos + tiempo de enfriamiento | Porciones 5)

Por porción: Calorías: 308; Grasa: 26,2 g; Carbohidratos: 16,6 g; Proteína: 5,8 g

Ingredientes

1 ½ libras de judías verdes, cortadas

2 tomates medianos, cortados en cubitos

2 pimientos, sin semillas y cortados en cubitos

4 cucharadas de chalotes, picados

1/2 taza de piñones, picados en trozos grandes

1/2 taza de mayonesa vegana

1 cucharada de mostaza delicatessen

2 cucharadas de albahaca fresca, picada

2 cucharadas de perejil fresco, picado

1/2 cucharadita de hojuelas de pimiento rojo, trituradas

Sal marina y pimienta negra recién molida, al gusto

Direcciones

Hervir las judías verdes en una cacerola grande con agua con sal hasta que estén tiernas o aproximadamente 2 minutos.

Escurra y deje que los frijoles se enfríen por completo; luego, transfiéralos a una ensaladera. Mezcle los frijoles con los ingredientes restantes.

Pruebe y ajuste los condimentos. ¡Buen provecho!

Sopa de frijoles cannellini con col rizada

(Listo en unos 25 minutos | Porciones 5)

Por ración: Calorías: 188; Grasa: 4,7 g; Carbohidratos: 24,5 g; Proteína: 11,1 g

Ingredientes

1 cucharada de aceite de oliva

1/2 cucharadita de jengibre picado

1/2 cucharadita de semillas de comino

1 cebolla roja, picada

1 zanahoria, cortada y picada

1 chirivía, cortada y picada

2 dientes de ajo, picados

5 tazas de caldo de verduras

12 onzas de frijoles Cannellini, escurridos

2 tazas de col rizada, cortada en pedazos

Sal marina y pimienta negra molida, al gusto

Direcciones

En una olla de fondo grueso, caliente la aceituna a fuego medio-alto. Ahora, saltea el jengibre y el comino durante 1 minuto más o menos.

Ahora, agregue la cebolla, la zanahoria y la chirivía; Continúe salteando otros 3 minutos o hasta que las verduras estén tiernas.

Agregue el ajo y continúe salteando durante 1 minuto o hasta que esté aromático.

Luego, verter el caldo de verduras y llevar a ebullición. Inmediatamente reduzca el fuego a fuego lento y deje que se cocine durante 10 minutos.

Agregue los frijoles Cannellini y la col rizada; continúe cocinando a fuego lento hasta que la col rizada se marchite y todo esté completamente caliente. Sazone con sal y pimienta al gusto.

Repartir en tazones individuales y servir caliente. ¡Buen provecho!

. Crema abundante de champiñones

(Listo en unos 15 minutos | Porciones 5)

Por porción: Calorías: 308; Grasa: 25,5 g; Carbohidratos: 11,8 g; Proteína: 11,6 g

Ingredientes

2 cucharadas de mantequilla de soya

1 chalote grande, picado

20 onzas de champiñones Cremini, en rodajas

2 dientes de ajo, picados

4 cucharadas de harina de linaza

5 tazas de caldo de verduras

1 1/3 tazas de leche de coco entera

1 hoja de laurel

Sal marina y pimienta negra molida, al gusto

Direcciones

En una olla, derrita la mantequilla vegana a fuego medio-alto. Una vez caliente, cocine la chalota durante unos 3 minutos hasta que esté tierna y fragante.

Agregue los champiñones y el ajo y continúe cocinando hasta que los champiñones se hayan ablandado. Agregue la harina de linaza y continúe cocinando durante 1 minuto más o menos.

Agregue los ingredientes restantes. Deje que hierva a fuego lento, tapado y continúe cocinando durante 5 a 6 minutos más hasta que la sopa se haya espesado un poco.

¡Buen provecho!

Auténtica ensalada italiana de panzanella

(Listo en unos 35 minutos | Porciones 3)

Por porción: Calorías: 334; Grasa: 20,4 g; Carbohidratos: 33,3 g; Proteína: 8,3 g

Ingredientes

3 tazas de pan artesanal, partido en cubos de 1 pulgada

3/4 libra de espárragos, recortados y cortados en trozos pequeños

4 cucharadas de aceite de oliva virgen extra

1 cebolla roja, picada

2 cucharadas de jugo de limón fresco

1 cucharadita de mostaza delicatessen

2 tomates heirloom medianos, cortados en cubitos

2 tazas de rúcula

2 tazas de espinacas tiernas

2 pimientos italianos, sin semillas y en rodajas

Sal marina y pimienta negra molida, al gusto

Direcciones

Coloque los cubos de pan en una bandeja para hornear forrada de pergamino. Hornee en el horno precalentado a 310 grados F durante unos 20 minutos, girando la bandeja para hornear dos veces durante el tiempo de horneado; reservar.

Encienda el horno a 420 grados F y mezcle los espárragos con 1 cucharada de aceite de oliva. Ase los espárragos durante unos 15 minutos o hasta que estén tiernos y crujientes.

Mezcle los ingredientes restantes en una ensaladera; Cubra con los espárragos asados y el pan tostado.

¡Buen provecho!

Ensalada De Quinoa Y Frijoles Negros

(Listo en unos 15 minutos + tiempo de enfriamiento | Porciones 4)

Por ración: Calorías: 433; Grasa: 17,3 g; Carbohidratos: 57g; Proteína: 15,1 g

Ingredientes

2 tazas de agua

1 taza de quinua, enjuagada

16 onzas de frijoles negros enlatados, escurridos

2 tomates Roma, en rodajas

1 cebolla roja, en rodajas finas

1 pepino, sin semillas y picado

2 dientes de ajo, prensados o picados

2 pimientos italianos, sin semillas y en rodajas

2 cucharadas de perejil fresco, picado

2 cucharadas de cilantro fresco, picado

1/4 taza de aceite de oliva

1 limón, recién exprimido

1 cucharada de vinagre de sidra de manzana

1/2 cucharadita de eneldo seco

1/2 cucharadita de orégano seco

Sal marina y pimienta negra molida, al gusto e

Direcciones

Coloque el agua y la quinoa en una cacerola y llévela a ebullición. Inmediatamente encienda el fuego a fuego lento.

Dejar cocer a fuego lento durante unos 13 minutos hasta que la quinoa haya absorbido toda el agua; Esponje la quinoa con un tenedor y déjala enfriar por completo. Luego, transfiera la quinua a una ensaladera.

Agregue los ingredientes restantes a la ensaladera y revuelva para combinar bien. ¡Buen provecho!

Rica Ensalada De Bulgur Con Hierbas

(Listo en unos 20 minutos + tiempo de enfriamiento | Porciones 4)

Por porción: Calorías: 408; Grasa: 18,3 g; Carbohidratos: 51,8 g; Proteína: 13,1 g

Ingredientes

2 tazas de agua

1 taza de bulgur

12 onzas de garbanzos enlatados, escurridos

1 pepino persa, en rodajas finas

2 pimientos, sin semillas y en rodajas finas

1 chile jalapeño, sin semillas y en rodajas finas

2 tomates Roma, en rodajas

1 cebolla, en rodajas finas

2 cucharadas de albahaca fresca, picada

2 cucharadas de perejil fresco, picado

2 cucharadas de menta fresca, picada

2 cucharadas de cebollín fresco, picado

4 cucharadas de aceite de oliva

1 cucharada de vinagre balsámico

1 cucharada de jugo de limón

1 cucharadita de ajo fresco, prensado

Sal marina y pimienta negra recién molida, al gusto

2 cucharadas de levadura nutricional

1/2 taza de aceitunas Kalamata, en rodajas

Direcciones

En una cacerola, hierva el agua y el bulgur. Inmediatamente encienda el fuego a fuego lento y deje que se cocine durante unos 20 minutos o hasta que el bulgur esté tierno y el agua casi se haya absorbido. Esponje con un tenedor y extienda sobre una bandeja grande para dejar enfriar.

Coloque el bulgur en una ensaladera seguido de los garbanzos, el pepino, los pimientos, los tomates, la cebolla, la albahaca, el perejil, la menta y el cebollino.

En un plato pequeño, bata el aceite de oliva, el vinagre balsámico, el jugo de limón, el ajo, la sal y la pimienta negra. Viste la ensalada y revuelve para combinar.

Espolvorea levadura nutricional por encima, decora con aceitunas y sirve a temperatura ambiente. ¡Buen provecho!

Ensalada Clásica De Pimiento Asado

(Listo en unos 15 minutos + tiempo de enfriamiento | Porciones 3)

Por ración: Calorías: 178; Grasa: 14,4 g; Carbohidratos: 11,8 g; Proteína: 2,4 g

Ingredientes

6 pimientos

3 cucharadas de aceite de oliva virgen extra

3 cucharaditas de vinagre de vino tinto

3 dientes de ajo, finamente picados

2 cucharadas de perejil fresco, picado

Sal marina y pimienta negra recién molida, al gusto

1/2 cucharadita de hojuelas de pimiento rojo

6 cucharadas de piñones, picados en trozos grandes

Direcciones

Ase los pimientos en una bandeja para hornear forrada con pergamino durante unos 10 minutos, girando la sartén a la mitad del tiempo de cocción, hasta que estén carbonizados por todos lados.

Luego, cubra los pimientos con una envoltura de plástico para cocinar al vapor. Deseche la piel, las semillas y los corazones.

Corta los pimientos en tiras y revuélvelos con los ingredientes restantes. Coloque en su refrigerador hasta que esté listo para servir. ¡Buen provecho!

Sopa abundante de quinua de invierno

(Listo en unos 25 minutos | Porciones 4)

Por porción: Calorías: 328; Grasa: 11,1 g; Carbohidratos: 44,1 g; Proteína: 13,3 g

Ingredientes

2 cucharadas de aceite de oliva

1 cebolla, picada

2 zanahorias, peladas y picadas

1 chirivía, picada

1 tallo de apio, picado

1 taza de calabaza amarilla, picada

4 dientes de ajo, prensados o picados

4 tazas de caldo de verduras asadas

2 tomates medianos, triturados

1 taza de quinua

Sal marina y pimienta negra molida, al gusto

1 laurel

2 tazas de acelgas, sin las costillas duras y cortadas en pedazos

2 cucharadas de perejil italiano, picado

Direcciones

En una olla de fondo grueso, caliente la aceituna a fuego medio-alto. Ahora, saltee la cebolla, la zanahoria, la chirivía, el apio y la calabaza amarilla durante unos 3 minutos o hasta que las verduras estén tiernas.

Agregue el ajo y continúe salteando durante 1 minuto o hasta que esté aromático.

Luego, agregue el caldo de verduras, los tomates, la quinua, la sal, la pimienta y el laurel; llevar a ebullición. Inmediatamente reduzca el fuego a fuego lento y deje que se cocine durante 13 minutos.

Dobla la acelga; continúe cocinando a fuego lento hasta que las acelgas se marchiten.

Repartir en cuencos individuales y servir adornado con perejil fresco. ¡Buen provecho!

Ensalada De Lentejas Verdes

(Listo en unos 20 minutos + tiempo de enfriamiento | Porciones 5)

Por ración: Calorías: 349; Grasa: 15,1 g; Carbohidratos: 40,9 g; Proteína: 15,4 g

Ingredientes

1 ½ tazas de lentejas verdes, enjuagadas

2 tazas de rúcula

2 tazas de lechuga romana, cortada en trozos

1 taza de espinacas tiernas

1/4 taza de albahaca fresca, picada

1/2 taza de chalotes, picados

2 dientes de ajo, finamente picados

1/4 taza de tomates secados al sol en aceite, enjuagados y picados

5 cucharadas de aceite de oliva virgen extra

3 cucharadas de jugo de limón fresco

Sal marina y pimienta negra molida, al gusto

Direcciones

En una cacerola grande, ponga a hervir 4 ½ tazas de agua y lentejas rojas.

Inmediatamente encienda el fuego a fuego lento y continúe cocinando las lentejas durante otros 15 a 17 minutos o hasta que se ablanden pero no se vuelvan blandas. Escurrir y dejar enfriar por completo.

Pasa las lentejas a una ensaladera; mezcle las lentejas con los ingredientes restantes hasta que estén bien combinados.

Servir frío o a temperatura ambiente. ¡Buen provecho!

. Sopa De Calabaza Bellota, Garbanzos Y Cuscús

(Listo en unos 20 minutos | Porciones 4)

Por porción: Calorías: 378; Grasa: 11g; Carbohidratos: 60,1 g; Proteína: 10,9 g

Ingredientes

2 cucharadas de aceite de oliva

1 chalote, picado

1 zanahoria, cortada y picada

2 tazas de calabaza bellota, picada

1 tallo de apio, picado

1 cucharadita de ajo, finamente picado

1 cucharadita de romero seco, picado

1 cucharadita de tomillo seco, picado

2 tazas de crema de cebolla

2 tazas de agua

1 taza de cuscús seco

Sal marina y pimienta negra molida, al gusto

1/2 cucharadita de hojuelas de pimiento rojo

6 onzas de garbanzos enlatados, escurridos

2 cucharadas de jugo de limón fresco

Direcciones

En una olla de fondo grueso, caliente la aceituna a fuego medio-alto. Ahora, saltee la chalota, la zanahoria, la calabaza y el apio durante unos 3 minutos o hasta que las verduras estén tiernas.

Agregue el ajo, el romero y el tomillo y continúe salteando durante 1 minuto o hasta que esté aromático.

Luego, agregue la sopa, el agua, el cuscús, la sal, la pimienta negra y las hojuelas de pimiento rojo; llevar a ebullición. Inmediatamente reduzca el fuego a fuego lento y deje que se cocine durante 12 minutos.

Dobla los garbanzos enlatados; Continúe cocinando a fuego lento hasta que se caliente por completo o unos 5 minutos más.

Sirva en tazones individuales y rocíe con el jugo de limón por encima. ¡Buen provecho!

. Sopa De Col Con Crostini De Ajo

(Listo en aproximadamente 1 hora | Porciones 4)

Por porción: Calorías: 408; Grasa: 23,1 g; Carbohidratos: 37,6 g; Proteína: 11,8 g

Ingredientes

Sopa:

2 cucharadas de aceite de oliva

1 puerro mediano, picado

1 taza de nabo, picado

1 chirivía, picada

1 zanahoria, picada

2 tazas de repollo, rallado

2 dientes de ajo, finamente picados

4 tazas de caldo de verduras

2 hojas de laurel

Sal marina y pimienta negra molida, al gusto

1/4 cucharadita de semillas de comino

1/2 cucharadita de semillas de mostaza

1 cucharadita de albahaca seca

2 tomates, en puré

Crostini:

8 rebanadas de baguette

2 cabezas de ajo

4 cucharadas de aceite de oliva virgen extra

Direcciones

En una olla sopera, caliente 2 cucharadas de la aceituna a fuego medio-alto. Ahora, saltea el puerro, el nabo, la chirivía y la zanahoria durante unos 4 minutos o hasta que las verduras estén tiernas pero crujientes.

Agregue el ajo y el repollo y continúe salteando durante 1 minuto o hasta que esté aromático.

Luego, agregue el caldo de verduras, las hojas de laurel, la sal, la pimienta negra, las semillas de comino, las semillas de mostaza, la albahaca seca y el puré de tomate; llevar a ebullición. Inmediatamente reduzca el fuego a fuego lento y deje que se cocine durante unos 20 minutos.

Mientras tanto, precaliente su horno a 375 grados F. Ahora, ase el ajo y las rebanadas de baguette durante unos 15 minutos. Retire los crostini del horno.

Continúe horneando el ajo durante 45 minutos más o hasta que esté muy tierno. Deja que el ajo se enfríe.

Ahora, corta cada cabeza de ajo con un cuchillo de sierra afilado para separar todos los dientes.

Exprime los dientes de ajo asados de la piel. Triture la pulpa de ajo con 4 cucharadas de aceite de oliva virgen extra.

Extienda la mezcla de ajo asado de manera uniforme sobre la parte superior de los crostini. Servir con la sopa caliente. ¡Buen provecho!

Crema de Sopa de Judías Verdes

(Listo en unos 35 minutos | Porciones 4)

Por porción: Calorías: 410; Grasa: 19,6 g; Carbohidratos: 50,6 g; Proteína: 13,3 g

Ingredientes

1 cucharada de aceite de sésamo

1 cebolla, picada

1 pimiento verde, sin semillas y picado

2 papas rojizas, peladas y cortadas en cubitos

2 dientes de ajo, picados

4 tazas de caldo de verduras

1 libra de judías verdes, cortadas

Sal marina y pimienta negra molida, para sazonar

1 taza de leche de coco entera

Direcciones

En una olla de fondo grueso, caliente el sésamo a fuego medio-alto. Ahora, saltee la cebolla, los pimientos y las patatas durante unos 5 minutos, revolviendo periódicamente.

Agregue el ajo y continúe salteando durante 1 minuto o hasta que esté fragante.

Luego, agregue el caldo de verduras, las judías verdes, la sal y la pimienta negra; llevar a ebullición. Inmediatamente reduzca el fuego a fuego lento y deje que se cocine durante 20 minutos.

Haga puré con la mezcla de judías verdes usando una licuadora de inmersión hasta que quede cremoso y uniforme.

Regrese la mezcla hecha puré a la olla. Agregue la leche de coco y continúe cocinando a fuego lento hasta que se caliente por completo o unos 5 minutos más.

Repartir en tazones individuales y servir caliente. ¡Buen provecho!

Sopa de cebolla francesa tradicional

(Listo en aproximadamente 1 hora y 30 minutos | Porciones 4)

Por ración: Calorías: 129; Grasa: 8,6 g; Carbohidratos: 7,4 g; Proteína: 6,3 g

Ingredientes

  2 cucharadas de aceite de oliva

  2 cebollas amarillas grandes, en rodajas finas

  2 ramitas de tomillo, picadas

  2 ramitas de romero, picadas

  2 cucharaditas de vinagre balsámico

  4 tazas de caldo de verduras

  Sal marina y pimienta negra molida, al gusto

Direcciones

En un horno holandés o holandés, caliente el aceite de oliva a fuego moderado. Ahora, cocina las cebollas con tomillo, romero y 1 cucharadita de sal marina durante unos 2 minutos.

Ahora, encienda el fuego a medio-bajo y continúe cocinando hasta que las cebollas se caramelicen o unos 50 minutos.

Agregue el vinagre balsámico y continúe cocinando por otros 15 más. Agregue el caldo, la sal y la pimienta negra y continúe cocinando a fuego lento durante 20 a 25 minutos.

¡Sirve con pan tostado y disfruta!

. Sopa De Zanahorias Asadas

(Listo en unos 50 minutos | Porciones 4)

Por ración: Calorías: 264; Grasa: 18,6 g; Carbohidratos: 20,1 g; Proteína: 7,4 g

Ingredientes

1 ½ libras de zanahorias

4 cucharadas de aceite de oliva

1 cebolla amarilla, picada

2 dientes de ajo, picados

1/3 cucharadita de comino molido

Sal marina y pimienta blanca, al gusto

1/2 cucharadita de cúrcuma en polvo

4 tazas de caldo de verduras

2 cucharaditas de jugo de limón

2 cucharadas de cilantro fresco, picado en trozos grandes

Direcciones

Comience precalentando su horno a 400 grados F. Coloque las zanahorias en una bandeja para hornear forrada con pergamino grande; mezcle las zanahorias con 2 cucharadas de aceite de oliva.

Ase las zanahorias durante unos 35 minutos o hasta que se hayan ablandado.

En una olla de fondo grueso, caliente las 2 cucharadas restantes de aceite de oliva. Ahora, saltee la cebolla y el ajo durante unos 3 minutos o hasta que estén aromáticos.

Agregue el comino, la sal, la pimienta, la cúrcuma, el caldo de verduras y las zanahorias asadas. Continúe cocinando a fuego lento durante 12 minutos más.

Haga puré su sopa con una licuadora de inmersión. Rocíe jugo de limón sobre su sopa y sirva adornado con hojas frescas de cilantro. ¡Buen provecho!

Ensalada De Pasta Italiana Penne

(Listo en unos 15 minutos + tiempo de enfriamiento | Porciones 3)

Por ración: Calorías: 614; Grasa: 18,1 g; Carbohidratos: 101g; Proteína: 15,4 g

Ingredientes

9 onzas de pasta penne

9 onzas de frijoles Cannellini enlatados, escurridos

1 cebolla pequeña, en rodajas finas

1/3 taza de aceitunas Niçoise, sin hueso y en rodajas

2 pimientos italianos, en rodajas

1 taza de tomates cherry, cortados a la mitad

3 tazas de rúcula

Vendaje:

3 cucharadas de aceite de oliva virgen extra

1 cucharadita de ralladura de limón

1 cucharadita de ajo picado

3 cucharadas de vinagre balsámico

1 cucharadita de mezcla de hierbas italianas

Sal marina y pimienta negra molida, al gusto

Direcciones

Cocine la pasta penne de acuerdo con las instrucciones del paquete. Escurrir y enjuagar la pasta. Deje que se enfríe completamente y luego transfiéralo a una ensaladera.

Luego, agregue los frijoles, la cebolla, las aceitunas, los pimientos, los tomates y la rúcula a la ensaladera.

Mezcla todos los ingredientes del aderezo hasta que todo esté bien incorporado. Aliña tu ensalada y sírvela bien fría. ¡Buen provecho!

Ensalada India Chana Chaat

(Listo en unos 45 minutos + tiempo de enfriamiento | Porciones 4)

Por ración: Calorías: 604; Grasa: 23,1 g; Carbohidratos: 80g; Proteína: 25,3 g

Ingredientes

1 libra de garbanzos secos, remojados durante la noche

2 tomates San Marzano, cortados en cubitos

1 pepino persa, en rodajas

1 cebolla, picada

1 pimiento, sin semillas y en rodajas finas

1 chile verde, sin semillas y en rodajas finas

2 puñados de espinacas baby

1/2 cucharadita de polvo de chile Kashmiri

4 hojas de curry picadas

1 cucharada de chaat masala

2 cucharadas de jugo de limón fresco, o al gusto

4 cucharadas de aceite de oliva

1 cucharadita de sirope de agave

1/2 cucharadita de semillas de mostaza

1/2 cucharadita de semillas de cilantro

2 cucharadas de semillas de sésamo, ligeramente tostadas

2 cucharadas de cilantro fresco, picado en trozos grandes

Direcciones

Escurra los garbanzos y transfiéralos a una cacerola grande. Cubrir los garbanzos con agua por 2 pulgadas y llevar a ebullición.

Inmediatamente encienda el fuego a fuego lento y continúe cocinando durante aproximadamente 40 minutos.

Mezcle los garbanzos con los tomates, el pepino, la cebolla, los pimientos, las espinacas, el chile en polvo, las hojas de curry y el chaat masala.

En un plato pequeño, combine bien el jugo de limón, el aceite de oliva, el jarabe de agave, las semillas de mostaza y las semillas de cilantro.

Adorne con semillas de sésamo y cilantro fresco. ¡Buen provecho!

Ensalada de fideos y tempeh al estilo tailandés

(Listo en unos 45 minutos | Porciones 3)

Por porción: Calorías: 494; Grasa: 14,5 g; Carbohidratos: 75g; Proteína: 18,7 g

Ingredientes

6 onzas de tempeh

4 cucharadas de vinagre de arroz

4 cucharadas de salsa de soya

2 dientes de ajo, picados

1 lima pequeña, recién exprimida

5 onzas de fideos de arroz

1 zanahoria, en juliana

1 chalote, picado

3 puñados de col china, en rodajas finas

3 puñados de col rizada, cortada en pedazos

1 pimiento, sin semillas y en rodajas finas

1 chile ojo de pájaro, picado

1/4 taza de mantequilla de maní

2 cucharadas de sirope de agave

Direcciones

Coloca el tempeh, 2 cucharadas de vinagre de arroz, salsa de soya, ajo y jugo de limón en un plato de cerámica; déjalo marinar durante unos 40 minutos.

Mientras tanto, cocina los fideos de arroz según las instrucciones del paquete. Escurra los fideos y transfiéralos a una ensaladera.

Agregue la zanahoria, la chalota, el repollo, la col rizada y los pimientos a la ensaladera. Agregue la mantequilla de maní, las 2 cucharadas restantes de vinagre de arroz y el jarabe de agave y revuelva para combinar bien.

Cubra con el tempeh marinado y sirva de inmediato. ¡Disfrutar!

Sopa clásica de crema de brócoli

(Listo en unos 35 minutos | Porciones 4)

Por porción: Calorías: 334; Grasa: 24,5 g; Carbohidratos: 22,5 g; Proteína: 10,2 g

Ingredientes

2 cucharadas de aceite de oliva

1 libra de floretes de brócoli

1 cebolla, picada

1 costilla de apio, picada

1 chirivía, picada

1 cucharadita de ajo picado

3 tazas de caldo de verduras

1/2 cucharadita de eneldo seco

1/2 cucharadita de orégano seco

Sal marina y pimienta negra molida, al gusto

2 cucharadas de harina de linaza

1 taza de leche de coco entera

Direcciones

En una olla de fondo grueso, caliente el aceite de oliva a fuego medio-alto. Ahora, saltee la cebolla de brócoli, el apio y la chirivía durante unos 5 minutos, revolviendo periódicamente.

Agregue el ajo y continúe salteando durante 1 minuto o hasta que esté fragante.

Luego, agregue el caldo de verduras, el eneldo, el orégano, la sal y la pimienta negra; llevar a ebullición. Inmediatamente reduzca el fuego a fuego lento y deje que se cocine durante unos 20 minutos.

Haga puré la sopa usando una licuadora de inmersión hasta que esté cremosa y uniforme.

Regrese la mezcla hecha puré a la olla. Agregue la harina de linaza y la leche de coco; Continúe cocinando a fuego lento hasta que se caliente por completo o aproximadamente 5 minutos.

Sirva en cuatro tazones para servir y ¡disfrútelo!

Ensalada marroquí de lentejas y pasas

(Listo en unos 20 minutos + tiempo de enfriamiento | Porciones 4)

Por porción: Calorías: 418; Grasa: 15g; Carbohidratos: 62,9 g; Proteína: 12,4 g

Ingredientes

1 taza de lentejas rojas, enjuagadas

1 zanahoria grande, en juliana

1 pepino persa, en rodajas finas

1 cebolla dulce, picada

1/2 taza de pasas doradas

1/4 taza de menta fresca, cortada

1/4 taza de albahaca fresca, cortada

1/4 taza de aceite de oliva virgen extra

1/4 taza de jugo de limón, recién exprimido

1 cucharadita de cáscara de limón rallada

- 1/2 cucharadita de raíz de jengibre fresca, pelada y picada
- 1/2 cucharadita de ajo granulado
- 1 cucharadita de pimienta de Jamaica molida
- Sal marina y pimienta negra molida, al gusto

Direcciones

En una cacerola grande, ponga a hervir 3 tazas de agua y 1 taza de lentejas.

Inmediatamente encienda el fuego a fuego lento y continúe cocinando las lentejas durante otros 15 a 17 minutos o hasta que se hayan ablandado pero no estén blandas todavía. Escurrir y dejar enfriar por completo.

Pasa las lentejas a una ensaladera; agregue la zanahoria, el pepino y la cebolla dulce. Luego, agregue las pasas, la menta y la albahaca a su ensalada.

En un plato pequeño, bata el aceite de oliva, el jugo de limón, la cáscara de limón, el jengibre, el ajo granulado, la pimienta de Jamaica, la sal y la pimienta negra.

Aliña tu ensalada y sírvela bien fría. ¡Buen provecho!

Ensalada De Espárragos Y Garbanzos

(Listo en unos 10 minutos + tiempo de enfriamiento | Porciones 5)

Por ración: Calorías: 198; Grasa: 12,9 g; Carbohidratos: 17,5 g; Proteína: 5,5 g

Ingredientes

1 ¼ libras de espárragos, recortados y cortados en trozos pequeños

5 onzas de garbanzos enlatados, escurridos y enjuagados

1 chile chipotle, sin semillas y picado

1 pimiento italiano, sin semillas y picado

1/4 taza de hojas de albahaca fresca, picadas

1/4 taza de hojas de perejil fresco, picadas

2 cucharadas de hojas de menta fresca

2 cucharadas de cebollín fresco, picado

1 cucharadita de ajo picado

1/4 taza de aceite de oliva virgen extra

1 cucharada de vinagre balsámico

1 cucharada de jugo de limón fresco

2 cucharadas de salsa de soya

1/4 cucharadita de pimienta de Jamaica molida

1/4 cucharadita de comino molido

Sal marina y granos de pimienta recién molidos, al gusto.

Direcciones

Ponga a hervir una olla grande de agua con sal con los espárragos; déjalo cocinar por 2 minutos; escurrir y enjuagar.

Pasa los espárragos a una ensaladera.

Mezcle los espárragos con los garbanzos, los pimientos, las hierbas, el ajo, el aceite de oliva, el vinagre, el jugo de lima, la salsa de soya y las especias.

Mezcle para combinar y sirva de inmediato. ¡Buen provecho!

Ensalada de judías verdes a la antigua

(Listo en unos 10 minutos + tiempo de enfriamiento | Porciones 4)

Por ración: Calorías: 240; Grasa: 14,1 g; Carbohidratos: 29g; Proteína: 4,4 g

Ingredientes

1 ½ libras de judías verdes, cortadas

1/2 taza de cebolletas, picadas

1 cucharadita de ajo picado

1 pepino persa, en rodajas

2 tazas de tomates uva, cortados a la mitad

1/4 taza de aceite de oliva

1 cucharadita de mostaza delicatessen

2 cucharadas de salsa tamari

2 cucharadas de jugo de limón

1 cucharada de vinagre de sidra de manzana

1/4 cucharadita de comino en polvo

1/2 cucharadita de tomillo seco

Sal marina y pimienta negra molida, al gusto

Direcciones

Hervir las judías verdes en una cacerola grande con agua con sal hasta que estén tiernas o aproximadamente 2 minutos.

Escurra y deje que los frijoles se enfríen por completo; luego, transfiéralos a una ensaladera. Mezcle los frijoles con los ingredientes restantes.

¡Buen provecho!

Sopa De Frijoles De Invierno

(Listo en unos 25 minutos | Porciones 4)

Por ración: Calorías: 234; Grasa: 5,5 g; Carbohidratos: 32,3 g; Proteína: 14,4 g

Ingredientes

1 cucharada de aceite de oliva

2 cucharadas de chalotes, picados

1 zanahoria, picada

1 chirivía, picada

1 tallo de apio, picado

1 cucharadita de ajo fresco, picado

4 tazas de caldo de verduras

2 hojas de laurel

1 ramita de romero, picada

16 onzas de frijoles blancos enlatados

Sal marina en escamas y pimienta negra molida, al gusto

Direcciones

En una olla de fondo grueso, caliente la aceituna a fuego medio-alto. Ahora, saltee los chalotes, la zanahoria, la chirivía y el apio durante aproximadamente 3 minutos o hasta que las verduras estén tiernas.

Agregue el ajo y continúe salteando durante 1 minuto o hasta que esté aromático.

Luego, agregue el caldo de verduras, las hojas de laurel y el romero y deje hervir. Inmediatamente reduzca el fuego a fuego lento y deje que se cocine durante 10 minutos.

Agregue los frijoles blancos y continúe cocinando a fuego lento durante unos 5 minutos más hasta que todo esté completamente caliente. Se sazona con sal y pimienta negro al gusto.

Sirva en tazones individuales, deseche las hojas de laurel y sirva caliente. ¡Buen provecho!

Sopa De Champiñones Cremini Estilo Italiano

(Listo en unos 15 minutos | Porciones 3)

Por ración: Calorías: 154; Grasa: 12,3 g; Carbohidratos: 9,6 g; Proteína: 4,4 g

Ingredientes

3 cucharadas de mantequilla vegana

1 cebolla blanca, picada

1 pimiento rojo picado

1/2 cucharadita de ajo, prensado

3 tazas de champiñones Cremini, picados

2 cucharadas de harina de almendras

3 tazas de agua

1 cucharadita de mezcla de hierbas italianas

Sal marina y pimienta negra molida, al gusto

1 cucharada colmada de cebollines frescos, picados

Direcciones

En una olla, derrita la mantequilla vegana a fuego medio-alto. Una vez caliente, sofreír la cebolla y el pimiento durante unos 3 minutos hasta que se hayan ablandado.

Agregue el ajo y los champiñones Cremini y continúe salteando hasta que los champiñones se hayan ablandado. Espolvorea harina de almendras sobre los champiñones y continúa cocinando durante 1 minuto más o menos.

Agregue los ingredientes restantes. Deje hervir a fuego lento, tapado y continúe cocinando de 5 a 6 minutos más hasta que el líquido se haya espesado un poco.

Sirva en tres tazones de sopa y adorne con cebollino fresco. ¡Buen provecho!

Sopa Crema De Patatas Con Hierbas

(Listo en unos 40 minutos | Porciones 4)

Por ración: Calorías: 400; Grasa: 9g; Carbohidratos: 68,7 g; Proteína: 13,4 g

Ingredientes

2 cucharadas de aceite de oliva

1 cebolla, picada

1 tallo de apio, picado

4 papas grandes, peladas y picadas

2 dientes de ajo, picados

1 cucharadita de albahaca fresca, picada

1 cucharadita de perejil fresco, picado

1 cucharadita de romero fresco, picado

1 laurel

1 cucharadita de pimienta de Jamaica molida

4 tazas de caldo de verduras

Sal y pimienta negra molida fresca, al gusto

2 cucharadas de cebollín fresco picado

Direcciones

En una olla de fondo grueso, caliente el aceite de oliva a fuego medio-alto. Una vez caliente, saltee la cebolla, el apio y las papas durante unos 5 minutos, revolviendo periódicamente.

Agregue el ajo, la albahaca, el perejil, el romero, el laurel y la pimienta de Jamaica y continúe salteando durante 1 minuto o hasta que esté fragante.

Ahora, agregue el caldo de verduras, la sal y la pimienta negra y hierva rápidamente. Inmediatamente reduzca el fuego a fuego lento y deje que se cocine durante unos 30 minutos.

Haga puré la sopa usando una licuadora de inmersión hasta que esté cremosa y uniforme.

Vuelva a calentar la sopa y sirva con cebollino fresco. ¡Buen provecho!

Ensalada De Quinoa Y Aguacate

(Listo en unos 15 minutos + tiempo de enfriamiento | Porciones 4)

Por porción: Calorías: 399; Grasa: 24,3 g; Carbohidratos: 38,5 g; Proteína: 8,4 g

Ingredientes

1 taza de quinua, enjuagada

1 cebolla, picada

1 tomate, cortado en cubitos

2 pimientos asados, cortados en tiras

2 cucharadas de perejil picado

2 cucharadas de albahaca, picada

1/4 taza de aceite de oliva virgen extra

2 cucharadas de vinagre de vino tinto

2 cucharadas de jugo de limón

1/4 cucharadita de pimienta de cayena

Sal marina y pimienta negra recién molida, para sazonar

1 aguacate, pelado, sin hueso y en rodajas

1 cucharada de semillas de sésamo, tostadas

Direcciones

Coloque el agua y la quinoa en una cacerola y llévela a ebullición. Inmediatamente encienda el fuego a fuego lento.

Dejar cocer a fuego lento durante unos 13 minutos hasta que la quinoa haya absorbido toda el agua; Esponje la quinoa con un tenedor y déjela enfriar por completo. Luego, transfiera la quinua a una ensaladera.

Agregue la cebolla, el tomate, los pimientos asados, el perejil y la albahaca a la ensaladera. En otro tazón pequeño, bata el aceite de oliva, el vinagre, el jugo de limón, la pimienta de cayena, la sal y la pimienta negra.

Viste tu ensalada y revuelve para combinar bien. Cubra con rodajas de aguacate y decore con semillas de sésamo tostadas.

¡Buen provecho!

Ensalada Tabulé Con Tofu

(Listo en unos 20 minutos + tiempo de enfriamiento | Porciones 4)

Por ración: Calorías: 379; Grasa: 18,3 g; Carbohidratos: 40,7 g; Proteína: 19,9 g

Ingredientes

1 taza de trigo bulgur

2 tomates San Marzano, en rodajas

1 pepino persa, en rodajas finas

2 cucharadas de albahaca, picada

2 cucharadas de perejil picado

4 cebolletas, picadas

2 tazas de rúcula

2 tazas de espinacas tiernas, cortadas en pedazos

4 cucharadas de tahini

4 cucharadas de jugo de limón

1 cucharada de salsa de soja

1 cucharadita de ajo fresco, prensado

Sal marina y pimienta negra molida, al gusto

12 onzas de tofu ahumado, en cubos

Direcciones

En una cacerola, hierva 2 tazas de agua y el bulgur. Inmediatamente encienda el fuego a fuego lento y deje que se cocine durante unos 20 minutos o hasta que el bulgur esté tierno y el agua casi se haya absorbido. Esponje con un tenedor y extienda sobre una bandeja grande para dejar enfriar.

Coloque el bulgur en una ensaladera seguido de los tomates, el pepino, la albahaca, el perejil, las cebolletas, la rúcula y las espinacas.

En un plato pequeño, mezcle el tahini, el jugo de limón, la salsa de soya, el ajo, la sal y la pimienta negra. Viste la ensalada y revuelve para combinar.

Cubra su ensalada con el tofu ahumado y sirva a temperatura ambiente. ¡Buen provecho!

Ensalada del jardín de las pastas

(Listo en unos 10 minutos + tiempo de enfriamiento | Porciones 4)

Por porción: Calorías: 479; Grasa: 15g; Carbohidratos: 71,1 g; Proteína: 14,9 g

Ingredientes

12 onzas de pasta rotini

1 cebolla pequeña, en rodajas finas

1 taza de tomates cherry, cortados a la mitad

1 pimiento, picado

1 chile jalapeño, picado

1 cucharada de alcaparras, escurridas

2 tazas de lechuga iceberg, cortada en trozos

2 cucharadas de perejil fresco, picado

2 cucharadas de cilantro fresco, picado

2 cucharadas de albahaca fresca, picada

1/4 taza de aceite de oliva

2 cucharadas de vinagre de sidra de manzana

1 cucharadita de ajo, prensado

Sal kosher y pimienta negra molida, al gusto

2 cucharadas de levadura nutricional

2 cucharadas de piñones, tostados y picados

Direcciones

Cocine la pasta de acuerdo a las instrucciones del paquete. Escurrir y enjuagar la pasta. Deje que se enfríe completamente y luego transfiéralo a una ensaladera.

Luego, agregue la cebolla, los tomates, los pimientos, las alcaparras, la lechuga, el perejil, el cilantro y la albahaca a la ensaladera.

Batir el aceite de oliva, el vinagre, el ajo, la sal, la pimienta negra y la levadura nutricional. Aliña tu ensalada y cúbrela con piñones tostados. ¡Buen provecho!

Borsch tradicional ucraniano

(Listo en unos 40 minutos | Porciones 4)

Por porción: Calorías: 367; Grasa: 9,3 g; Carbohidratos: 62,7 g; Proteína: 12,1 g

Ingredientes

2 cucharadas de aceite de sésamo

1 cebolla roja, picada

2 zanahorias, cortadas y en rodajas

2 remolachas grandes, peladas y en rodajas

2 papas grandes, peladas y cortadas en cubitos

4 tazas de caldo de verduras

2 dientes de ajo, picados

1/2 cucharadita de semillas de alcaravea

1/2 cucharadita de semillas de apio

1/2 cucharadita de semillas de hinojo

1 libra de repollo rojo, rallado

1/2 cucharadita de granos de pimienta mixtos, recién molidos

Sal kosher, al gusto

2 hojas de laurel

2 cucharadas de vinagre de vino

Direcciones

En un horno holandés, caliente el aceite de sésamo a fuego moderado. Una vez caliente, saltee las cebollas hasta que estén tiernas y transparentes, unos 6 minutos.

Agregue las zanahorias, las remolachas y las papas y continúe salteando 10 minutos adicionales, agregando el caldo de verduras periódicamente.

A continuación, agregue el ajo, las semillas de alcaravea, las semillas de apio, las semillas de hinojo y continúe salteando durante otros 30 segundos.

Agregue el repollo, los granos de pimienta mixtos, la sal y las hojas de laurel. Agregue el caldo restante y deje hervir.

Inmediatamente encienda el fuego a fuego lento y continúe cocinando durante 20 a 23 minutos más hasta que las verduras se hayan ablandado.

Sirva en tazones individuales y rocíe vinagre de vino por encima. ¡Servir y disfrutar!

Ensalada De Lentejas Beluga

(Listo en unos 20 minutos + tiempo de enfriamiento | Porciones 4)

Por ración: Calorías: 338; Grasa: 16,3 g; Carbohidratos: 37,2 g; Proteína: 13g

Ingredientes

1 taza de lentejas beluga, enjuagadas

1 pepino persa, en rodajas

1 tomate grande, en rodajas

1 cebolla roja, picada

1 pimiento, en rodajas

1/4 taza de albahaca fresca, picada

1/4 taza de perejil italiano fresco, picado

2 onzas de aceitunas verdes, sin hueso y rebanadas

1/4 taza de aceite de oliva

4 cucharadas de jugo de limón

1 cucharadita de mostaza delicatessen

1/2 cucharadita de ajo picado

1/2 cucharadita de hojuelas de pimiento rojo, trituradas

Sal marina y pimienta negra molida, al gusto

Direcciones

En una cacerola grande, ponga a hervir 3 tazas de agua y 1 taza de lentejas.

Inmediatamente encienda el fuego a fuego lento y continúe cocinando las lentejas durante otros 15 a 17 minutos o hasta que se ablanden pero no se vuelvan blandas. Escurrir y dejar enfriar por completo.

Pasa las lentejas a una ensaladera; agregue el pepino, los tomates, la cebolla, el pimiento, la albahaca, el perejil y las aceitunas.

En un plato pequeño, bata el aceite de oliva, el jugo de limón, la mostaza, el ajo, el pimiento rojo, la sal y la pimienta negra.

Aliñar la ensalada, revolver para combinar y servir bien frío. ¡Buen provecho!

Ensalada Naan Estilo Indio

(Listo en unos 10 minutos | Porciones 3)

Por porción: Calorías: 328; Grasa: 17,3 g; Carbohidratos: 36,6 g; Proteína: 6,9 g

Ingredientes

3 cucharadas de aceite de sésamo

1 cucharadita de jengibre, pelado y picado

1/2 cucharadita de semillas de comino

1/2 cucharadita de semillas de mostaza

1/2 cucharadita de granos de pimienta mixtos

1 cucharada de hojas de curry

3 panes naan, partidos en trozos pequeños

1 chalote, picado

2 tomates, picados

Sal del Himalaya, al gusto

1 cucharada de salsa de soja

Direcciones

Caliente 2 cucharadas de aceite de sésamo en una sartén antiadherente a fuego moderadamente alto.

Saltee el jengibre, las semillas de comino, las semillas de mostaza, los granos de pimienta mixtos y las hojas de curry durante aproximadamente 1 minuto, hasta que estén fragantes.

Agregue los panes naan y continúe cocinando, revolviendo periódicamente, hasta que estén dorados y bien cubiertos con las especias.

Coloque la chalota y los tomates en una ensaladera; revuélvalos con la sal, la salsa de soya y la cucharada restante de aceite de sésamo.

Coloque el pan tostado encima de su ensalada y sirva a temperatura ambiente. ¡Disfrutar!

Ensalada De Pimientos Asados Al Estilo Griego

(Listo en unos 10 minutos | Porciones 2)

Por ración: Calorías: 185; Grasa: 11,5 g; Carbohidratos: 20,6 g; Proteína: 3,7 g

Ingredientes

2 pimientos rojos

2 pimientos amarillos

2 dientes de ajo, prensados

4 cucharaditas de aceite de oliva virgen extra

1 cucharada de alcaparras, enjuagadas y escurridas

2 cucharadas de vinagre de vino tinto

Sal marina y pimienta molida, al gusto

1 cucharadita de eneldo fresco, picado

1 cucharadita de orégano fresco, picado

1/4 taza de aceitunas Kalamata, sin hueso y en rodajas

Direcciones

Ase los pimientos en una bandeja para hornear forrada con pergamino durante unos 10 minutos, girando la sartén a la mitad del tiempo de cocción, hasta que estén carbonizados por todos lados.

Luego, cubra los pimientos con una envoltura de plástico para cocinar al vapor. Deseche la piel, las semillas y los corazones.

Cortar los pimientos en tiras y colocarlos en una ensaladera. Agregue los ingredientes restantes y revuelva para combinar bien.

Coloque en su refrigerador hasta que esté listo para servir. ¡Buen provecho!

Sopa De Frijoles Y Papas

(Listo en unos 30 minutos | Porciones 4)

Por ración: Calorías: 266; Grasa: 7,7 g; Carbohidratos: 41,3 g; Proteína: 9,3 g

Ingredientes

2 cucharadas de aceite de oliva

1 cebolla, picada

1 libra de papas, peladas y cortadas en cubitos

1 tallo de apio mediano, picado

2 dientes de ajo, picados

1 cucharadita de pimentón

4 tazas de agua

2 cucharadas de caldo vegano en polvo

16 onzas de frijoles rojos enlatados, escurridos

2 tazas de espinacas tiernas

Sal marina y pimienta negra molida, al gusto

Direcciones

En una olla de fondo grueso, caliente la aceituna a fuego medio-alto. Ahora, saltea la cebolla, las papas y el apio por aproximadamente 5 minutos o hasta que la cebolla esté transparente y tierna.

Agregue el ajo y continúe salteando durante 1 minuto o hasta que esté aromático.

Luego, agregue el pimentón, el agua y el caldo vegano en polvo y deje hervir. Inmediatamente reduzca el fuego a fuego lento y deje que se cocine durante 15 minutos.

Incorpore los frijoles blancos y las espinacas; Continúe cocinando a fuego lento durante unos 5 minutos hasta que todo esté completamente caliente. Se sazona con sal y pimienta negro al gusto.

Repartir en tazones individuales y servir caliente. ¡Buen provecho!

Ensalada De Quinoa De Invierno Con Pepinillos

(Listo en unos 20 minutos + tiempo de enfriamiento | Porciones 4)

Por ración: Calorías: 346; Grasa: 16,7 g; Carbohidratos: 42,6 g; Proteína: 9,3 g

Ingredientes

1 taza de quinua

4 dientes de ajo, picados

2 pepinos en vinagre, picados

10 onzas de pimientos rojos enlatados, picados

1/2 taza de aceitunas verdes, sin hueso y rebanadas

2 tazas de coles verdes, ralladas

2 tazas de lechuga iceberg, cortada en trozos

4 chiles en vinagre, picados

4 cucharadas de aceite de oliva

1 cucharada de jugo de limón

1 cucharadita de ralladura de limón

1/2 cucharadita de mejorana seca

Sal marina y pimienta negra molida, al gusto

1/4 taza de cebollines frescos, picados en trozos grandes

Direcciones

Coloca dos tazas de agua y la quínoa en una olla y llévala a ebullición. Inmediatamente encienda el fuego a fuego lento.

Dejar cocer a fuego lento durante unos 13 minutos hasta que la quinoa haya absorbido toda el agua; Esponje la quinoa con un tenedor y déjela enfriar por completo. Luego, transfiera la quinua a una ensaladera.

Agregue el ajo, el pepino en escabeche, los pimientos, las aceitunas, el repollo, la lechuga y los chiles en escabeche a la ensaladera y revuelva para combinar.

En un tazón pequeño, prepare el aderezo batiendo los ingredientes restantes. Aliñar la ensalada, revolver para combinar bien y servir inmediatamente. ¡Buen provecho!

Sopa De Hongos Silvestres Asados

(Listo en unos 55 minutos | Porciones 3)

Por ración: Calorías: 313; Grasa: 23,5 g; Carbohidratos: 14,5 g; Proteína: 14,5 g

Ingredientes

3 cucharadas de aceite de sésamo

1 libra de champiñones silvestres mixtos, en rodajas

1 cebolla blanca, picada

3 dientes de ajo, picados y divididos

2 ramitas de tomillo, picado

2 ramitas de romero picado

1/4 taza de harina de linaza

1/4 taza de vino blanco seco

3 tazas de caldo de verduras

1/2 cucharadita de hojuelas de chile rojo

Sal de ajo y pimienta negra recién molida, para sazonar

Direcciones

Comience precalentando su horno a 395 grados F.

Coloque los champiñones en una sola capa sobre un molde para hornear forrado con pergamino. Rocíe los champiñones con 1 cucharada de aceite de sésamo.

Ase los champiñones en el horno precalentado durante unos 25 minutos, o hasta que estén tiernos.

Caliente las 2 cucharadas restantes de aceite de sésamo en una olla a fuego medio. Luego, saltee la cebolla durante unos 3 minutos o hasta que esté tierna y transparente.

Luego, agregue el ajo, el tomillo y el romero y continúe salteando durante 1 minuto más o menos hasta que esté aromático. Espolvorea harina de linaza sobre todo.

Agregue los ingredientes restantes y continúe cocinando a fuego lento durante 10 a 15 minutos más o hasta que todo esté bien cocido.

Agregue los champiñones asados y continúe cocinando a fuego lento durante otros 12 minutos. Sirva en tazones de sopa y sirva caliente. ¡Disfrutar!

Sopa De Judías Verdes Al Estilo Mediterráneo

(Listo en unos 25 minutos | Porciones 5)

Por ración: Calorías: 313; Grasa: 23,5 g; Carbohidratos: 14,5 g; Proteína: 14,5 g

Ingredientes

2 cucharadas de aceite de oliva

1 cebolla, picada

1 apio con hojas, picado

1 zanahoria, picada

2 dientes de ajo, picados

1 calabacín, picado

5 tazas de caldo de verduras

1 ¼ libras de judías verdes, recortadas y cortadas en trozos pequeños

2 tomates medianos, en puré

Sal marina y pimienta negra recién molida, al gusto

1/2 cucharadita de pimienta de cayena

1 cucharadita de orégano

1/2 cucharadita de eneldo seco

1/2 taza de aceitunas Kalamata, sin hueso y en rodajas

Direcciones

En una olla de fondo grueso, caliente la aceituna a fuego medio-alto. Ahora, saltea la cebolla, el apio y la zanahoria durante unos 4 minutos o hasta que las verduras estén tiernas.

Agregue el ajo y el calabacín y continúe salteando durante 1 minuto o hasta que estén aromáticos.

Luego, agregue el caldo de verduras, las judías verdes, los tomates, la sal, la pimienta negra, la pimienta de cayena, el orégano y el eneldo seco; llevar a ebullición. Inmediatamente reduzca el fuego a fuego lento y deje que se cocine durante unos 15 minutos.

Sirva en tazones individuales y sirva con aceitunas rebanadas. ¡Buen provecho!

Crema de Zanahoria

(Listo en unos 30 minutos | Porciones 4)

Por ración: Calorías: 333; Grasa: 23g; Carbohidratos: 26g; Proteína: 8,5 g

Ingredientes

2 cucharadas de aceite de sésamo

1 cebolla, picada

1 ½ libras de zanahorias, cortadas y picadas

1 chirivía, picada

2 dientes de ajo, picados

1/2 cucharadita de curry en polvo

Sal marina y pimienta de cayena, al gusto

4 tazas de caldo de verduras

1 taza de leche de coco entera

Direcciones

En una olla de fondo grueso, caliente el aceite de sésamo a fuego medio-alto. Ahora, saltee la cebolla, las zanahorias y la chirivía durante unos 5 minutos, revolviendo periódicamente.

Agregue el ajo y continúe salteando durante 1 minuto o hasta que esté fragante.

Luego, agregue el curry en polvo, la sal, la pimienta de cayena y el caldo de verduras; llevar a ebullición rápida. Inmediatamente reduzca el fuego a fuego lento y deje que se cocine durante 18 a 20 minutos.

Haga puré la sopa usando una licuadora de inmersión hasta que esté cremosa y uniforme.

Regrese la mezcla hecha puré a la olla. Agregue la leche de coco y continúe cocinando a fuego lento hasta que se caliente por completo o unos 5 minutos más.

Sirva en cuatro tazones y sirva caliente. ¡Buen provecho!

Ensalada de pizza italiana de Nonna

(Listo en unos 15 minutos + tiempo de enfriamiento | Porciones 4)

Por ración: Calorías: 595; Grasa: 17,2 g; Carbohidratos: 93g; Proteína: 16g

Ingredientes

1 libra de macarrones

1 taza de champiñones marinados, en rodajas

1 taza de tomates uva, cortados a la mitad

4 cucharadas de cebolletas, picadas

1 cucharadita de ajo picado

1 pimiento italiano, en rodajas

1/4 taza de aceite de oliva virgen extra

1/4 taza de vinagre balsámico

1 cucharadita de orégano seco

1 cucharadita de albahaca seca

1/2 cucharadita de romero seco

Sal marina y pimienta de cayena, al gusto

1/2 taza de aceitunas negras, en rodajas

Direcciones

Cocine la pasta de acuerdo a las instrucciones del paquete. Escurrir y enjuagar la pasta. Deje que se enfríe completamente y luego transfiéralo a una ensaladera.

Luego, agregue los ingredientes restantes y revuelva hasta que los macarrones estén bien cubiertos.

Pruebe y ajuste los condimentos; coloque la ensalada de pizza en su refrigerador hasta que esté lista para usar. ¡Buen provecho!

Sopa cremosa de verduras doradas

(Listo en unos 45 minutos | Porciones 4)

Por ración: Calorías: 550; Grasa: 27,2 g; Carbohidratos: 70,4 g; Proteína: 13,2 g

Ingredientes

2 cucharadas de aceite de aguacate

1 cebolla amarilla, picada

2 papas Yukon Gold, peladas y cortadas en cubitos

2 libras de calabaza moscada, pelada, sin semillas y cortada en cubitos

1 chirivía, cortada y en rodajas

1 cucharadita de pasta de jengibre y ajo

1 cucharadita de cúrcuma en polvo

1 cucharadita de semillas de hinojo

1/2 cucharadita de chile en polvo

1/2 cucharadita de especias para pastel de calabaza

Sal kosher y pimienta negra molida, al gusto

3 tazas de caldo de verduras

1 taza de leche de coco entera

2 cucharadas de pepitas

Direcciones

En una olla de fondo grueso, caliente el aceite a fuego medio-alto. Ahora, saltee la cebolla, las patatas, la calabaza y la chirivía durante unos 10 minutos, revolviendo periódicamente para garantizar una cocción uniforme.

Agregue la pasta de jengibre y ajo y continúe salteando durante 1 minuto o hasta que esté aromático.

Luego, agregue la cúrcuma en polvo, las semillas de hinojo, el chile en polvo, las especias para pastel de calabaza, la sal, la pimienta negra y el caldo de verduras; llevar a ebullición. Inmediatamente reduzca el fuego a fuego lento y deje que se cocine durante unos 25 minutos.

Haga puré la sopa usando una licuadora de inmersión hasta que esté cremosa y uniforme.

Regrese la mezcla hecha puré a la olla. Agregue la leche de coco y continúe cocinando a fuego lento hasta que se caliente por completo o unos 5 minutos más.

Repartir en cuencos individuales y servir adornado con pepitas. ¡Buen provecho!

sopa de coliflor asada

(Listo en aproximadamente 1 hora | Porciones 4)

Por ración: Calorías: 310; Grasa: 24g; Carbohidratos: 16,8 g; Proteína: 11,8 g

Ingredientes

1 ½ libras de floretes de coliflor

4 cucharadas de aceite de oliva

1 cebolla, picada

2 dientes de ajo, picados

1/2 cucharadita de jengibre, pelado y picado

1 cucharadita de romero fresco, picado

2 cucharadas de albahaca fresca, picada

2 cucharadas de perejil fresco, picado

4 tazas de caldo de verduras

Sal marina y pimienta negra molida, al gusto

1/2 cucharadita de zumaque molido

1/4 taza de tahini

1 limón, recién exprimido

Direcciones

Comience precalentando el horno a 425 grados F. Mezcle la coliflor con 2 cucharadas de aceite de oliva y colóquelas en una asadera forrada con pergamino.

Luego, asa los floretes de coliflor durante unos 30 minutos y revuélvelos una o dos veces para promover una cocción uniforme.

Mientras tanto, en una olla de fondo grueso, caliente las 2 cucharadas restantes de aceite de oliva a fuego medio-alto. Ahora, saltee la cebolla durante unos 4 minutos hasta que esté tierna y transparente.

Agregue el ajo, el jengibre, el romero, la albahaca y el perejil y continúe salteando durante 1 minuto o hasta que esté fragante.

Luego, agregue el caldo de verduras, la sal, la pimienta negra y el zumaque y hierva. Inmediatamente reduzca el fuego a fuego lento y deje que se cocine durante unos 20 a 22 minutos.

Haga puré la sopa usando una licuadora de inmersión hasta que esté cremosa y uniforme.

Regrese la mezcla hecha puré a la olla. Agregue el tahini y continúe cocinando a fuego lento durante unos 5 minutos o hasta que todo esté bien cocido.

Sirva en tazones individuales, decore con jugo de limón y sirva caliente. ¡Disfrutar!

VERDURAS Y ACOMPAÑANTES

Alcachofas estofadas al vino y limón

(Listo en unos 35 minutos | Porciones 4)

Por ración: Calorías: 228; Grasa: 15,4 g; Carbohidratos: 19,3 g; Proteína: 7,2 g

Ingredientes

1 limón grande, recién exprimido

1 ½ libras de alcachofas, cortadas, sin hojas exteriores duras y sin estrangulamientos

2 cucharadas de hojas de menta, finamente picadas

2 cucharadas de hojas de cilantro, finamente picadas

2 cucharadas de hojas de albahaca, finamente picadas

2 dientes de ajo, picados

1/4 taza de vino blanco seco

1/4 taza de aceite de oliva virgen extra, y más para rociar

Sal marina y pimienta negra recién molida, al gusto

Direcciones

Llena un recipiente con agua y agrega el jugo de limón. Coloque las alcachofas limpias en el recipiente, manteniéndolas completamente sumergidas.

En otro tazón pequeño, combine bien las hierbas y el ajo. Frote sus alcachofas con la mezcla de hierbas.

Vierta el vino y el aceite de oliva en una cacerola; agregue las alcachofas a la cacerola. Encienda el fuego a fuego lento y continúe cocinando, tapado, durante unos 30 minutos hasta que las alcachofas estén tiernas y crujientes.

Para servir, rocía las alcachofas con los jugos de la cocción, sazónalas con sal y pimienta negra y ¡disfruta!

. Zanahorias Asadas Con Hierbas

(Listo en unos 25 minutos | Porciones 4)

Por ración: Calorías: 217; Grasa: 14,4 g; Carbohidratos: 22,4 g; Proteína: 2,3 g

Ingredientes

2 libras de zanahorias, cortadas y cortadas por la mitad a lo largo

4 cucharadas de aceite de oliva

1 cucharadita de ajo granulado

1 cucharadita de pimentón

Sal marina y pimienta negra recién molida

2 cucharadas de cilantro fresco, picado

2 cucharadas de perejil fresco, picado

2 cucharadas de cebollín fresco, picado

Direcciones

Comience precalentando su horno a 400 grados F.

Mezcle las zanahorias con el aceite de oliva, el ajo granulado, el pimentón, la sal y la pimienta negra. Colóquelos en una sola capa en una bandeja para hornear forrada de pergamino.

Ase las zanahorias en el horno precalentado durante unos 20 minutos, hasta que estén tiernas.

Mezcle las zanahorias con las hierbas frescas y sirva de inmediato. ¡Buen provecho!

Judías verdes estofadas fáciles

(Listo en unos 15 minutos | Porciones 4)

Por ración: Calorías: 207; Grasa: 14,5 g; Carbohidratos: 16,5 g; Proteína: 5,3 g

Ingredientes

4 cucharadas de aceite de oliva

1 zanahoria, cortada en palitos de fósforo

1 ½ libras de judías verdes, cortadas

4 dientes de ajo, pelados

1 laurel

1 ½ tazas de caldo de verduras

Sal marina y pimienta negra molida, al gusto

1 limón, cortado en gajos

Direcciones

Calentar el aceite de oliva en una cacerola a fuego medio. Una vez caliente, fríe las zanahorias y las judías verdes durante unos 5 minutos, revolviendo periódicamente para promover una cocción uniforme.

Agregue el ajo y el laurel y continúe salteando 1 minuto adicional o hasta que esté fragante.

Agregue el caldo, la sal y la pimienta negra y continúe cocinando a fuego lento, tapado, durante aproximadamente 9 minutos o hasta que las judías verdes estén tiernas.

Pruebe, ajuste los condimentos y sirva con rodajas de limón. ¡Buen provecho!

Col rizada estofada con semillas de sésamo

(Listo en unos 10 minutos | Porciones 4)

Por ración: Calorías: 247; Grasa: 19,9 g; Carbohidratos: 13,9 g; Proteína: 8,3 g

Ingredientes

1 taza de caldo de verduras

1 libra de col rizada, limpia, sin tallos duros, cortada en pedazos

4 cucharadas de aceite de oliva

6 dientes de ajo, picados

1 cucharadita de pimentón

Sal kosher y pimienta negra molida, al gusto

4 cucharadas de semillas de sésamo, ligeramente tostadas

Direcciones

En una cacerola, ponga a hervir el caldo de verduras; agregue las hojas de col rizada y encienda el fuego a fuego lento. Cocine durante unos 5 minutos hasta que la col rizada se haya ablandado; reservar.

Calentar el aceite en la misma cacerola a fuego medio. Una vez caliente, saltee el ajo durante unos 30 segundos o hasta que esté aromático.

Agregue la col rizada reservada, el pimentón, la sal y la pimienta negra y deje que se cocine por unos minutos más o hasta que se caliente por completo.

Adorne con semillas de sésamo ligeramente tostadas y sirva de inmediato. ¡Buen provecho!

Verduras asadas de invierno

(Listo en unos 45 minutos | Porciones 4)

Por ración: Calorías: 255; Grasa: 14g; Carbohidratos: 31g; Proteína: 3g

Ingredientes

1/2 libra de zanahorias, cortadas en trozos de 1 pulgada

1/2 libra de chirivías, cortadas en trozos de 1 pulgada

1/2 libra de apio, cortado en trozos de 1 pulgada

1/2 libra de batatas, cortadas en trozos de 1 pulgada

1 cebolla grande, cortada en gajos

1/4 taza de aceite de oliva

1 cucharadita de hojuelas de pimiento rojo

1 cucharadita de albahaca seca

1 cucharadita de orégano seco

1 cucharadita de tomillo seco

Sal marina y pimienta negra recién molida

Direcciones

Comience precalentando su horno a 420 grados F.

Mezcle las verduras con el aceite de oliva y las especias. Colóquelos en una asadera forrada de pergamino.

Asar durante unos 25 minutos. Revuelva las verduras y continúe cocinando por 20 minutos más.

¡Buen provecho!

Tagine tradicional marroquí

(Listo en unos 30 minutos | Porciones 4)

Por porción: Calorías: 258; Grasa: 12,2 g; Carbohidratos: 31g; Proteína: 8,1 g

Ingredientes

3 cucharadas de aceite de oliva

1 chalote grande, picado

1 cucharadita de jengibre, pelado y picado

4 dientes de ajo, picados

2 zanahorias medianas, cortadas y picadas

2 chirivías medianas, cortadas y picadas

2 batatas medianas, peladas y en cubos

Sal marina y pimienta negra molida, al gusto

1 cucharadita de salsa picante

1 cucharadita de fenogreco

1/2 cucharadita de azafrán

1/2 cucharadita de alcaravea

2 tomates grandes, en puré

4 tazas de caldo de verduras

1 limón, cortado en gajos

Direcciones

En un horno holandés, caliente el aceite de oliva a fuego medio. Una vez caliente, saltee los chalotes durante 4 a 5 minutos, hasta que estén tiernos.

Luego, saltea el jengibre y el ajo durante unos 40 segundos o hasta que estén aromáticos.

Agregue los ingredientes restantes, excepto el limón, y deje hervir. Inmediatamente encienda el fuego a fuego lento.

Deja que hierva a fuego lento durante unos 25 minutos o hasta que las verduras se hayan ablandado. ¡Sirve con rodajas de limón fresco y disfruta!

Salteado de repollo chino

(Listo en unos 10 minutos | Porciones 3)

Por ración: Calorías: 228; Grasa: 20,7 g; Carbohidratos: 9,2 g; Proteína: 4,4 g

Ingredientes

3 cucharadas de aceite de sésamo

1 libra de repollo chino, en rodajas

1/2 cucharadita de polvo chino de cinco especias

Sal kosher, al gusto

1/2 cucharadita de pimienta de Szechuan

2 cucharadas de salsa de soya

3 cucharadas de semillas de sésamo, ligeramente tostadas

Direcciones

En un wok, caliente el aceite de sésamo hasta que chisporrotee. Rehogar la col durante unos 5 minutos.

Agregue las especias y la salsa de soja y continúe cocinando, revolviendo con frecuencia, durante unos 5 minutos más, hasta que la col esté tierna, crujiente y aromática.

Espolvorea semillas de sésamo por encima y sirve de inmediato.

Coliflor salteada con semillas de sésamo

(Listo en unos 15 minutos | Porciones 4)

Por ración: Calorías: 217; Grasa: 17g; Carbohidratos: 13,2 g; Proteína: 7,1 g

Ingredientes

1 taza de caldo de verduras

1 ½ libras de floretes de coliflor

4 cucharadas de aceite de oliva

2 tallos de cebollín, picados

4 dientes de ajo, picados

Sal marina y pimienta negra recién molida, al gusto

2 cucharadas de semillas de sésamo, ligeramente tostadas

Direcciones

En una cacerola grande, hierva el caldo de verduras; luego, agregue la coliflor y cocine por unos 6 minutos o hasta que esté tierna; reservar.

Luego, caliente el aceite de oliva hasta que chisporrotee; ahora, saltee las cebolletas y el ajo durante aproximadamente 1 minuto o hasta que estén tiernos y aromáticos.

Agregue la coliflor reservada, seguida de sal y pimienta negra; Continúe cocinando a fuego lento durante unos 5 minutos o hasta que se caliente por completo.

Adorne con semillas de sésamo tostadas y sirva inmediatamente. ¡Buen provecho!

Puré De Zanahorias Dulce

(Listo en unos 25 minutos | Porciones 4)

Por ración: Calorías: 270; Grasa: 14,8 g; Carbohidratos: 29,2 g; Proteína: 4,5 g

Ingredientes

1 ½ libras de zanahorias, cortadas

3 cucharadas de mantequilla vegana

1 taza de cebolletas, en rodajas

1 cucharada de jarabe de arce

1/2 cucharadita de ajo en polvo

1/2 cucharadita de pimienta de Jamaica molida

Sal marina, al gusto

1/2 taza de salsa de soya

2 cucharadas de cilantro fresco, picado

Direcciones

Cueza al vapor las zanahorias durante unos 15 minutos hasta que estén muy tiernas; escurrir bien.

En una sartén, derrita la mantequilla hasta que chisporrotee. Ahora, baje el fuego para mantener un chisporroteo insistente.

Ahora, cocina las cebolletas hasta que se hayan ablandado. Agregue el jarabe de arce, el ajo en polvo, la pimienta de Jamaica molida, la sal y la salsa de soja durante unos 10 minutos o hasta que estén caramelizados.

Agregue las cebolletas caramelizadas a su procesador de alimentos; agregue las zanahorias y haga puré los ingredientes hasta que todo esté bien mezclado.

Sirva adornado con el cilantro fresco. ¡Disfrutar!

Hojas de nabo salteadas

(Listo en unos 15 minutos | Porciones 4)

Por ración: Calorías: 140; Grasa: 8,8 g; Carbohidratos: 13g; Proteína: 4,4 g

Ingredientes

2 cucharadas de aceite de oliva

1 cebolla, en rodajas

2 dientes de ajo, en rodajas

1 ½ libras de grelos limpios y picados

1/4 taza de caldo de verduras

1/4 taza de vino blanco seco

1/2 cucharadita de orégano seco

1 cucharadita de hojuelas de perejil seco

Sal kosher y pimienta negra molida, al gusto

Direcciones

En una sartén, caliente el aceite de oliva a fuego medio alto.

Ahora, saltee la cebolla durante 3 a 4 minutos o hasta que esté tierna y transparente. Agregue el ajo y continúe cocinando durante 30 segundos más o hasta que esté aromático.

Agregue las hojas de nabo, el caldo, el vino, el orégano y el perejil; continúe salteando 6 minutos adicionales o hasta que se hayan marchitado por completo.

Sazone con sal y pimienta negra al gusto y sirva caliente. ¡Buen provecho!

Puré de papas Yukon Gold

(Listo en unos 25 minutos | Porciones 5)

Por porción: Calorías: 221; Grasa: 7,9 g; Carbohidratos: 34,1 g; Proteína: 4,7 g

Ingredientes

2 libras de papas Yukon Gold, peladas y cortadas en cubitos

1 diente de ajo, prensado

Sal marina y hojuelas de pimiento rojo, al gusto

3 cucharadas de mantequilla vegana

1/2 taza de leche de soya

2 cucharadas de cebollín, en rodajas

Direcciones

Cubre las papas con una pulgada o dos de agua fría. Cuece las patatas en agua hirviendo suavemente durante unos 20 minutos.

Luego, haga puré las papas, junto con el ajo, la sal, el pimiento rojo, la mantequilla y la leche, hasta obtener la consistencia deseada.

Sirva adornado con cebolletas frescas. ¡Buen provecho!

Acelgas salteadas aromáticas

(Listo en unos 15 minutos | Porciones 4)

Por ración: Calorías: 124; Grasa: 6,7 g; Carbohidratos: 11,1 g; Proteína: 5g

Ingredientes

2 cucharadas de mantequilla vegana

1 cebolla, picada

2 dientes de ajo, en rodajas

Sal marina y pimienta negra molida, para sazonar

1 ½ libras de acelgas, cortadas en pedazos, sin tallos duros

1 taza de caldo de verduras

1 hoja de laurel

1 ramita de tomillo

2 ramitas de romero

1/2 cucharadita de semillas de mostaza

1 cucharadita de semillas de apio

Direcciones

En una cacerola, derrita la mantequilla vegana a fuego medio-alto.

Luego, saltea la cebolla durante unos 3 minutos o hasta que esté tierna y transparente; saltee el ajo durante aproximadamente 1 minuto hasta que esté aromático.

Agregue los ingredientes restantes y encienda el fuego a fuego lento; déjalo hervir a fuego lento, tapado, durante unos 10 minutos o hasta que todo esté bien cocido. ¡Buen provecho!

Pimientos morrones salteados clásicos

(Listo en unos 15 minutos | Porciones 2)

Por ración: Calorías: 154; Grasa: 13,7 g; Carbohidratos: 2,9 g; Proteína: 0,5 g

Ingredientes

3 cucharadas de aceite de oliva

4 pimientos, sin semillas y cortados en tiras

2 dientes de ajo, picados

Sal y pimienta negra recién molida, al gusto

1 cucharadita de pimienta de cayena

4 cucharadas de vino blanco seco

2 cucharadas de cilantro fresco, picado en trozos grandes

Direcciones

En una cacerola, caliente el aceite a fuego medio-alto.

Una vez caliente, saltee los pimientos durante unos 4 minutos o hasta que estén tiernos y fragantes. Luego, saltee el ajo durante aproximadamente 1 minuto hasta que esté aromático.

Agregue la sal, la pimienta negra y la pimienta de cayena; continúe salteando, agregando el vino, durante unos 6 minutos más hasta que estén tiernos y bien cocidos.

Pruebe y ajuste los condimentos. Cubra con cilantro fresco y sirva. ¡Buen provecho!

Puré de verduras de raíz

(Listo en unos 25 minutos | Porciones 5)

Por ración: Calorías: 207; Grasa: 9,5 g; Carbohidratos: 29,1 g; Proteína: 3g

Ingredientes

1 libra de papas rojizas, peladas y cortadas en trozos

1/2 libra de chirivías, recortadas y cortadas en cubitos

1/2 libra de zanahorias, cortadas y cortadas en cubitos

4 cucharadas de mantequilla vegana

1 cucharadita de orégano seco

1/2 cucharadita de eneldo seco

1/2 cucharadita de mejorana seca

1 cucharadita de albahaca seca

Direcciones

Cubra las verduras con el agua por 1 pulgada. Llevar a ebullición y cocinar durante unos 25 minutos hasta que se hayan ablandado; drenar.

Triture las verduras con los ingredientes restantes, agregando líquido de cocción, según sea necesario.

¡Sirve caliente y disfruta!

. Calabaza Butternut Asada

(Listo en unos 25 minutos | Porciones 4)

Por ración: Calorías: 247; Grasa: 16,5 g; Carbohidratos: 23,8 g; Proteína: 4,3 g

Ingredientes

4 cucharadas de aceite de oliva

1/2 cucharadita de comino molido

1/2 cucharadita de pimienta de Jamaica molida

1 ½ libras de calabaza moscada, pelada, sin semillas y cortada en cubitos

1/4 taza de vino blanco seco

2 cucharadas de salsa de soja oscura

1 cucharadita de semillas de mostaza

1 cucharadita de pimentón

Sal marina y pimienta negra molida, al gusto

Direcciones

Comience precalentando su horno a 420 grados F. Mezcle la calabaza con los ingredientes restantes.

Ase la calabaza moscada durante unos 25 minutos o hasta que esté tierna y caramelizada.

¡Sirve caliente y disfruta!

Champiñones Cremini Salteados

(Listo en unos 10 minutos | Porciones 4)

Por ración: Calorías: 197; Grasa: 15,5 g; Carbohidratos: 8,8 g; Proteína: 7,3 g

Ingredientes

4 cucharadas de aceite de oliva

4 cucharadas de chalotes, picados

2 dientes de ajo, picados

1 ½ libras de champiñones Cremini, en rodajas

1/4 taza de vino blanco seco

Sal marina y pimienta negra molida, al gusto

Direcciones

En una sartén, caliente el aceite de oliva a fuego medio alto.

Ahora saltee la chalota de 3 a 4 minutos o hasta que esté tierna y transparente. Agregue el ajo y continúe cocinando durante 30 segundos más o hasta que esté aromático.

Agregue los champiñones Cremini, el vino, la sal y la pimienta negra; continúe salteando 6 minutos más, hasta que los champiñones estén ligeramente dorados.

¡Buen provecho!

Espárragos Asados Con Semillas De Sésamo

(Listo en unos 25 minutos | Porciones 4)

Por ración: Calorías: 215; Grasa: 19,1 g; Carbohidratos: 8,8 g; Proteína: 5,6 g

Ingredientes

1 ½ libras de espárragos, cortados

4 cucharadas de aceite de oliva virgen extra

Sal marina y pimienta negra molida, al gusto

1/2 cucharadita de orégano seco

1/2 cucharadita de albahaca seca

1 cucharadita de hojuelas de pimiento rojo, trituradas

4 cucharadas de semillas de sésamo

2 cucharadas de cebollín fresco, picado en trozos grandes

Direcciones

Comience precalentando el horno a 400 grados F. Luego, cubra una bandeja para hornear con papel pergamino.

Mezcle los espárragos con el aceite de oliva, la sal, la pimienta negra, el orégano, la albahaca y las hojuelas de pimiento rojo. Ahora, coloque sus espárragos en una sola capa en la bandeja para hornear preparada.

Ase los espárragos durante aproximadamente 20 minutos.

Espolvorea semillas de sésamo sobre los espárragos y continúa horneando 5 minutos más o hasta que los espárragos estén tiernos y crujientes y las semillas de sésamo estén ligeramente tostadas.

Adorne con cebollino fresco y sirva caliente. ¡Buen provecho!

Sartén De Berenjenas Al Estilo Griego

(Listo en unos 15 minutos | Porciones 4)

Por ración: Calorías: 195; Grasa: 16,1 g; Carbohidratos: 13,4 g; Proteína: 2,4 g

Ingredientes

4 cucharadas de aceite de oliva

1 ½ libras de berenjena, pelada y en rodajas

1 cucharadita de ajo picado

1 tomate triturado

Sal marina y pimienta negra molida, al gusto

1 cucharadita de pimienta de cayena

1/2 cucharadita de orégano seco

1/4 cucharadita de laurel molido

2 onzas de aceitunas Kalamata, sin hueso y en rodajas

Direcciones

Caliente el aceite en una sartén a fuego medio-alto.

Luego, saltea la berenjena durante unos 9 minutos o hasta que esté tierna.

Agregue los ingredientes restantes, cubra y continúe cocinando durante 2 a 3 minutos más o hasta que esté completamente cocido. Servir tibio.

Arroz Keto De Coliflor

(Listo en unos 10 minutos | Porciones 5)

Por ración: Calorías: 135; Grasa: 11,5 g; Carbohidratos: 7,2 g; Proteína: 2,4 g

Ingredientes

2 cabezas medianas de coliflor, sin tallos ni hojas

4 cucharadas de aceite de oliva virgen extra

4 dientes de ajo, prensados

1/2 cucharadita de hojuelas de pimiento rojo, trituradas

Sal marina y pimienta negra molida, al gusto

1/4 taza de perejil de hoja plana, picado

Direcciones

Pulse la coliflor en un procesador de alimentos con la hoja en S hasta que se rompa en "arroz".

Caliente el aceite de oliva en una cacerola a fuego medio-alto. Una vez caliente, cocine el ajo hasta que esté fragante o aproximadamente 1 minuto.

Agregue el arroz de coliflor, el pimiento rojo, la sal y la pimienta negra y continúe salteando durante otros 7 a 8 minutos.

Pruebe, ajuste los condimentos y decore con perejil fresco. ¡Buen provecho!

Col rizada con ajo fácil

(Listo en unos 10 minutos | Porciones 4)

Por ración: Calorías: 217; Grasa: 15,4 g; Carbohidratos: 16,1 g; Proteína: 8,6 g

Ingredientes

4 cucharadas de aceite de oliva

4 dientes de ajo, picados

1 ½ libras de col rizada fresca, sin tallos duros ni costillas, cortada en pedazos

1 taza de caldo de verduras

1/2 cucharadita de semillas de comino

1/2 cucharadita de orégano seco

1/2 cucharadita de pimentón

1 cucharadita de cebolla en polvo

Sal marina y pimienta negra molida, al gusto

Direcciones

En una cacerola, caliente el aceite de oliva a fuego medio alto. Ahora, saltee el ajo durante aproximadamente 1 minuto o hasta que esté aromático.

Agregue la col rizada en lotes, agregando gradualmente el caldo de verduras; revuelva para promover una cocción pareja.

Encienda el fuego a fuego lento, agregue las especias y deje que se cocine durante 5 a 6 minutos, hasta que las hojas de col rizada se marchiten.

¡Sirve caliente y disfruta!

Alcachofas Estofadas En Limón Y Aceite De Oliva

(Listo en unos 35 minutos | Porciones 4)

Por ración: Calorías: 278; Grasa: 18,2 g; Carbohidratos: 27g; Proteína: 7,8 g

Ingredientes

1 ½ tazas de agua

2 limones, recién exprimidos

2 libras de alcachofas, recortadas, sin hojas exteriores duras y sin estrangulamientos

1 puñado de perejil italiano fresco

2 ramitas de tomillo

2 ramitas de romero

2 hojas de laurel

2 dientes de ajo, picados

1/3 taza de aceite de oliva

Sal marina y pimienta negra molida, al gusto

1/2 cucharadita de hojuelas de pimiento rojo

Direcciones

Llena un recipiente con agua y agrega el jugo de limón. Coloque las alcachofas limpias en el recipiente, manteniéndolas completamente sumergidas.

En otro tazón pequeño, combine bien las hierbas y el ajo. Frote sus alcachofas con la mezcla de hierbas.

Vierta el agua de limón y el aceite de oliva en una cacerola; agregue las alcachofas a la cacerola. Encienda el fuego a fuego lento y continúe cocinando, tapado, durante unos 30 minutos hasta que las alcachofas estén tiernas y crujientes.

Para servir, rocíe las alcachofas con los jugos de cocción, sazone con sal, pimienta negra y hojuelas de pimiento rojo. ¡Buen provecho!

Zanahorias asadas con romero y ajo

(Listo en unos 25 minutos | Porciones 4)

Por ración: Calorías: 228; Grasa: 14,2 g; Carbohidratos: 23,8 g; Proteína: 2,8 g

Ingredientes

2 libras de zanahorias, cortadas y cortadas por la mitad a lo largo

4 cucharadas de aceite de oliva

2 cucharadas de vinagre de champán

4 dientes de ajo, picados

2 ramitas de romero picado

Sal marina y pimienta negra molida, al gusto

4 cucharadas de piñones, picados

Direcciones

Comience precalentando su horno a 400 grados F.

Mezcle las zanahorias con el aceite de oliva, el vinagre, el ajo, el romero, la sal y la pimienta negra. Colóquelos en una sola capa en una bandeja para hornear forrada de pergamino.

Ase las zanahorias en el horno precalentado durante unos 20 minutos, hasta que estén tiernas.

Adorne las zanahorias con los piñones y sirva inmediatamente. ¡Buen provecho!

Judías Verdes al Estilo Mediterráneo

(Listo en unos 20 minutos | Porciones 4)

Por ración: Calorías: 159; Grasa: 8,8 g; Carbohidratos: 18,8 g; Proteína: 4,8 g

Ingredientes

2 cucharadas de aceite de oliva

1 pimiento rojo, sin semillas y cortado en cubitos

1 ½ libras de judías verdes

4 dientes de ajo, picados

1/2 cucharadita de semillas de mostaza

1/2 cucharadita de semillas de hinojo

1 cucharadita de eneldo seco

2 tomates, en puré

1 taza de sopa de crema de apio

1 cucharadita de mezcla de hierbas italianas

1 cucharadita de pimienta de cayena

Sal y pimienta negra recién molida

Direcciones

Calentar el aceite de oliva en una cacerola a fuego medio. Una vez caliente, fríe los pimientos y las judías verdes durante unos 5 minutos, revolviendo periódicamente para promover una cocción uniforme.

Agregue el ajo, las semillas de mostaza, las semillas de hinojo y el eneldo y continúe salteando 1 minuto adicional o hasta que estén fragantes.

Agregue el puré de tomates, la crema de sopa de apio, la mezcla de hierbas italianas, la pimienta de cayena, la sal y la pimienta negra. Continúe cocinando a fuego lento, tapado, durante unos 9 minutos o hasta que las judías verdes estén tiernas.

Pruebe, ajuste los condimentos y sirva caliente. ¡Buen provecho!

Verduras de la huerta asadas

(Listo en unos 45 minutos | Porciones 4)

Por porción: Calorías: 311; Grasa: 14,1 g; Carbohidratos: 45,2 g; Proteína: 3,9 g

Ingredientes

1 libra de calabaza moscada, pelada y cortada en trozos de 1 pulgada

4 batatas, peladas y cortadas en trozos de 1 pulgada

1/2 taza de zanahorias, peladas y cortadas en trozos de 1 pulgada

2 cebollas medianas, cortadas en gajos

4 cucharadas de aceite de oliva

1 cucharadita de ajo granulado

1 cucharadita de pimentón

1 cucharadita de romero seco

1 cucharadita de semillas de mostaza

Sal kosher y pimienta negra recién molida, al gusto

Direcciones

Comience precalentando su horno a 420 grados F.

Mezcle las verduras con el aceite de oliva y las especias. Colóquelos en una asadera forrada de pergamino.

Asar durante unos 25 minutos. Revuelva las verduras y continúe cocinando por 20 minutos más.

¡Buen provecho!

. Colinabo asado fácil

(Listo en unos 30 minutos | Porciones 4)

Por ración: Calorías: 177; Grasa: 14g; Carbohidratos: 10,5 g; Proteína: 4,5 g

Ingredientes

1 libra de bulbos de colinabo, pelados y rebanados

4 cucharadas de aceite de oliva

1/2 cucharadita de semillas de mostaza

1 cucharadita de semillas de apio

1 cucharadita de mejorana seca

1 cucharadita de ajo granulado, picado

Sal marina y pimienta negra molida, al gusto

2 cucharadas de levadura nutricional

Direcciones

Comience precalentando su horno a 450 grados F.

Mezcle el colinabo con el aceite de oliva y las especias hasta que esté bien cubierto. Coloque el colinabo en una sola capa en una asadera forrada con pergamino.

Hornee el colinabo en el horno precalentado durante unos 15 minutos; revuélvalos y continúe cocinando otros 15 minutos.

Espolvorea levadura nutricional sobre el colinabo tibio y sirve de inmediato. ¡Buen provecho!

Coliflor Con Salsa Tahini

(Listo en unos 10 minutos | Porciones 4)

Por ración: Calorías: 217; Grasa: 13g; Carbohidratos: 20,3 g; Proteína: 8,7 g

Ingredientes

1 taza de agua

2 libras de floretes de coliflor

Sal marina y pimienta negra molida, al gusto

3 cucharadas de salsa de soya

5 cucharadas de tahini

2 dientes de ajo, picados

2 cucharadas de jugo de limón

Direcciones

En una cacerola grande, hierva el agua; luego, agregue la coliflor y cocine por unos 6 minutos o hasta que esté tierna; escurrir, sazonar con sal y pimienta y reservar.

En un tazón, combine bien la salsa de soya, el tahini, el ajo y el jugo de limón. Vierta la salsa sobre los floretes de coliflor y sirva.

¡Buen provecho!

Puré de coliflor con hierbas

(Listo en unos 25 minutos | Porciones 4)

Por ración: Calorías: 167; Grasa: 13g; Carbohidratos: 11,3 g; Proteína: 4,4 g

Ingredientes

1 ½ libras de floretes de coliflor

4 cucharadas de mantequilla vegana

4 dientes de ajo, en rodajas

Sal marina y pimienta negra molida, al gusto

1/4 taza de leche de avena natural, sin azúcar

2 cucharadas de perejil fresco, picado

Direcciones

Cueza al vapor los floretes de coliflor durante unos 20 minutos; déjalo a un lado para que se enfríe.

En una cacerola, derrita la mantequilla vegana a fuego moderadamente alto; ahora, saltee el ajo durante aproximadamente 1 minuto o hasta que esté aromático.

Agregue los floretes de coliflor a su procesador de alimentos seguidos del ajo salteado, la sal, la pimienta negra y la leche de avena. Haz puré hasta que todo esté bien incorporado.

Decorar con hojas de perejil fresco y servir caliente. ¡Buen provecho!

Sartén De Champiñones Con Ajo Y Hierbas

(Listo en unos 10 minutos | Porciones 4)

Por ración: Calorías: 207; Grasa: 15,2 g; Carbohidratos: 12,7 g; Proteína: 9,1 g

Ingredientes

4 cucharadas de mantequilla vegana

1 ½ libras de hongos ostra cortados a la mitad

3 dientes de ajo, picados

1 cucharadita de orégano seco

1 cucharadita de romero seco

1 cucharadita de hojuelas de perejil seco

1 cucharadita de mejorana seca

1/2 taza de vino blanco seco

Sal kosher y pimienta negra molida, al gusto

Direcciones

En una sartén, caliente el aceite de oliva a fuego medio alto.

Ahora, saltea los champiñones por 3 minutos o hasta que suelten el líquido. Agregue el ajo y continúe cocinando durante 30 segundos más o hasta que esté aromático.

Agregue las especias y continúe salteando durante 6 minutos más, hasta que los champiñones estén ligeramente dorados.

¡Buen provecho!

Espárragos Fritos

(Listo en unos 10 minutos | Porciones 4)

Por ración: Calorías: 142; Grasa: 11,8 g; Carbohidratos: 7,7 g; Proteína: 5,1 g

Ingredientes

4 cucharadas de mantequilla vegana

1 ½ libras de espárragos, recortados

1/2 cucharadita de semillas de comino, molidas

1/4 cucharadita de laurel, molido

Sal marina y pimienta negra molida, al gusto

1 cucharadita de jugo de limón fresco

Direcciones

Derrite la mantequilla vegana en una cacerola a fuego medio-alto.

Saltee los espárragos durante aproximadamente 3 a 4 minutos, revolviendo periódicamente para promover una cocción uniforme.

Agregue las semillas de comino, la hoja de laurel, la sal y la pimienta negra y continúe cocinando los espárragos durante 2 minutos más hasta que estén tiernos pero crujientes.

Rocíe jugo de lima sobre los espárragos y sirva caliente. ¡Buen provecho!

Puré de zanahoria y jengibre

(Listo en unos 25 minutos | Porciones 4)

Por ración: Calorías: 187; Grasa: 8,4 g; Carbohidratos: 27,1 g; Proteína: 3,4 g

Ingredientes

2 libras de zanahorias, cortadas en ruedas

2 cucharadas de aceite de oliva

1 cucharadita de comino molido

Sal Pimienta negra molida, al gusto

1/2 cucharadita de pimienta de cayena

1/2 cucharadita de jengibre, pelado y picado

1/2 taza de leche entera

Direcciones

Comience precalentando su horno a 400 grados F.

Mezcle las zanahorias con el aceite de oliva, el comino, la sal, la pimienta negra y la pimienta de cayena. Colóquelos en una sola capa en una bandeja para hornear forrada de pergamino.

Ase las zanahorias en el horno precalentado durante unos 20 minutos, hasta que estén tiernas pero crujientes.

Agregue las zanahorias asadas, el jengibre y la leche a su procesador de alimentos; haga puré los ingredientes hasta que todo esté bien mezclado.

¡Buen provecho!

Alcachofas Asadas A La Mediterránea

(Listo en unos 50 minutos | Porciones 4)

Por porción: Calorías: 218; Grasa: 13g; Carbohidratos: 21,4 g; Proteína: 5,8 g

Ingredientes

4 alcachofas, recortadas, sin las hojas exteriores duras ni los estrangulamientos, cortadas por la mitad

2 limones, recién exprimidos

4 cucharadas de aceite de oliva virgen extra

4 dientes de ajo, picados

1 cucharadita de romero fresco

1 cucharadita de albahaca fresca

1 cucharadita de perejil fresco

1 cucharadita de orégano fresco

Sal marina en escamas y pimienta negra molida, al gusto

1 cucharadita de hojuelas de pimiento rojo

1 cucharadita de pimentón

Direcciones

Comience precalentando su horno a 395 grados F. Frote el jugo de limón por toda la superficie de sus alcachofas.

En un tazón pequeño, combine bien el ajo con hierbas y especias.

Coloque las mitades de alcachofas en una fuente para hornear forrada con pergamino, con el lado cortado hacia arriba. Cepille las alcachofas uniformemente con el aceite de oliva. Rellene las cavidades con la mezcla de ajo/hierbas.

Hornear durante unos 20 minutos. Ahora, cúbralos con papel de aluminio y hornee por 30 minutos más. ¡Sirve caliente y disfruta!

Col rizada estofada al estilo tailandés

(Listo en unos 10 minutos | Porciones 4)

Por ración: Calorías: 165; Grasa: 9,3 g; Carbohidratos: 16,5 g; Proteína: 8,3 g

Ingredientes

1 taza de agua

1 ½ libras de col rizada, sin tallos duros ni costillas, cortada en pedazos

2 cucharadas de aceite de sésamo

1 cucharadita de ajo fresco, prensado

1 cucharadita de jengibre, pelado y picado

1 chile tailandés, picado

1/2 cucharadita de cúrcuma en polvo

1/2 taza de leche de coco

Sal kosher y pimienta negra molida, al gusto

Direcciones

En una cacerola grande, hierva el agua rápidamente. Agregue la col rizada y deje que se cocine hasta que esté brillante, aproximadamente 3 minutos. Escurrir, enjuagar y secar.

Limpie la cacerola con toallas de papel y precaliente el aceite de sésamo a fuego moderado. Una vez caliente, cocine el ajo, el jengibre y el chile durante aproximadamente 1 minuto, hasta que estén fragantes.

Agregue la col rizada y el polvo de cúrcuma y continúe cocinando durante 1 minuto más o hasta que se caliente por completo.

Vierta gradualmente la leche de coco, la sal y la pimienta negra; continúe cocinando a fuego lento hasta que el líquido se haya espesado. Pruebe, ajuste los condimentos y sirva caliente. ¡Buen provecho!

Puré de colirrábano sedoso

(Listo en unos 30 minutos | Porciones 4)

Por ración: Calorías: 175; Grasa: 12,8 g; Carbohidratos: 12,5 g; Proteína: 4,1 g

Ingredientes

1 ½ libras de colinabo, pelado y cortado en trozos

4 cucharadas de mantequilla vegana

Sal marina y pimienta negra recién molida, al gusto

1/2 cucharadita de semillas de comino

1/2 cucharadita de semillas de cilantro

1/2 taza de leche de soya

1 cucharadita de eneldo fresco

1 cucharadita de perejil fresco

Direcciones

Cocine el colinabo en agua hirviendo con sal hasta que esté suave, unos 30 minutos; drenar.

Haga puré el colinabo con la mantequilla vegana, la sal, la pimienta negra, las semillas de comino y las semillas de cilantro.

Haga puré los ingredientes con una licuadora de inmersión, agregando gradualmente la leche. Cubra con eneldo fresco y perejil. ¡Buen provecho!

Espinacas salteadas a la crema

(Listo en unos 15 minutos | Porciones 4)

Por ración: Calorías: 146; Grasa: 7,8 g; Carbohidratos: 15,1 g; Proteína: 8,3 g

Ingredientes

2 cucharadas de mantequilla vegana

1 cebolla, picada

1 cucharadita de ajo picado

1 ½ tazas de caldo de verduras

2 libras de espinacas, cortadas en pedazos

Sal marina y pimienta negra molida, al gusto

1/4 cucharadita de eneldo seco

1/4 cucharadita de semillas de mostaza

1/2 cucharadita de semillas de apio

1 cucharadita de pimienta de cayena

1/2 taza de leche de avena

Direcciones

En una cacerola, derrita la mantequilla vegana a fuego medio-alto.

Luego, saltee la cebolla durante unos 3 minutos o hasta que esté tierna y transparente. Luego, saltee el ajo durante aproximadamente 1 minuto hasta que esté aromático.

Agregue el caldo y las espinacas y deje hervir.

Encienda el fuego a fuego lento. Agregue las especias y continúe cocinando durante 5 minutos más.

Agregue la leche y continúe cocinando por 5 minutos más. ¡Buen provecho!

Colinabo salteado aromático

(Listo en unos 10 minutos | Porciones 4)

Por ración: Calorías: 137; Grasa: 10,3 g; Carbohidratos: 10,7 g; Proteína: 2,9 g

Ingredientes

3 cucharadas de aceite de sésamo

1 ½ libras de colinabo, pelado y cortado en cubos

1 cucharadita de ajo picado

1/2 cucharadita de albahaca seca

1/2 cucharadita de orégano seco

Sal marina y pimienta negra molida, al gusto

Direcciones

En una sartén antiadherente, caliente el aceite de sésamo. Una vez caliente, saltee el colirrábano durante unos 6 minutos.

Agregue el ajo, la albahaca, el orégano, la sal y la pimienta negra. Continúe cocinando durante 1 a 2 minutos más.

Servir tibio. ¡Buen provecho!

Repollo estofado clásico

(Listo en unos 20 minutos | Porciones 4)

Por ración: Calorías: 197; Grasa: 14,3 g; Carbohidratos: 14,8 g; Proteína: 4g

Ingredientes

4 cucharadas de aceite de sésamo

1 chalote, picado

2 dientes de ajo, picados

2 hojas de laurel

1 taza de caldo de verduras

1 ½ libras de repollo morado, cortado en gajos

1 cucharadita de hojuelas de pimiento rojo

Sal marina y pimienta negra, al gusto

Direcciones

Caliente el aceite de sésamo en una cacerola a fuego medio. Una vez caliente, freír la chalota durante 3 a 4 minutos, revolviendo periódicamente para promover una cocción uniforme.

Agregue el ajo y el laurel y continúe salteando 1 minuto adicional o hasta que esté fragante.

Agregue el caldo, las hojuelas de repollo rojo, la sal y la pimienta negra y continúe cocinando a fuego lento, tapado, durante unos 12 minutos o hasta que el repollo se haya ablandado.

Pruebe, ajuste los condimentos y sirva caliente. ¡Buen provecho!

Zanahorias salteadas con semillas de sésamo

(Listo en unos 10 minutos | Porciones 4)

Por ración: Calorías: 244; Grasa: 16,8 g; Carbohidratos: 22,7 g; Proteína: 3,4 g

Ingredientes

1/3 taza de caldo de verduras

2 libras de zanahorias, recortadas y cortadas en palitos

4 cucharadas de aceite de sésamo

1 cucharadita de ajo picado

Sal del Himalaya y pimienta negra recién molida, al gusto

1 cucharadita de pimienta de cayena

2 cucharadas de perejil fresco, picado

2 cucharadas de semillas de sésamo

Direcciones

En una cacerola grande, hierva el caldo de verduras. Enciende el fuego a medio-bajo. Agregue las zanahorias y continúe cocinando, tapado, durante aproximadamente 8 minutos, hasta que las zanahorias estén tiernas pero crujientes.

Caliente el aceite de sésamo a fuego medio-alto; ahora, saltee el ajo durante 30 segundos o hasta que esté aromático. Agregue la sal, la pimienta negra y la pimienta de cayena.

En una sartén pequeña, tueste las semillas de sésamo durante 1 minuto o hasta que estén fragantes y doradas.

Para servir, adorna las zanahorias salteadas con perejil y semillas de sésamo tostadas. ¡Buen provecho!

Zanahorias Asadas Con Salsa De Tahini

(Listo en unos 25 minutos | Porciones 4)

Por porción: Calorías: 365; Grasa: 23,8 g; Carbohidratos: 35,3 g; Proteína: 6,1 g

Ingredientes

2 ½ libras de zanahorias lavadas, cortadas y cortadas por la mitad a lo largo

4 cucharadas de aceite de oliva

Sal marina y pimienta negra molida, al gusto

Salsa:

4 cucharadas de tahini

1 cucharadita de ajo, prensado

2 cucharadas de vinagre blanco

2 cucharadas de salsa de soya

1 cucharadita de mostaza delicatessen

1 cucharadita de sirope de agave

1/2 cucharadita de semillas de comino

1/2 cucharadita de eneldo seco

Direcciones

Comience precalentando su horno a 400 grados F.

Mezcle las zanahorias con el aceite de oliva, la sal y la pimienta negra. Colóquelos en una sola capa en una bandeja para hornear forrada de pergamino.

Ase las zanahorias en el horno precalentado durante unos 20 minutos, hasta que estén tiernas pero crujientes.

Mientras tanto, bate todos los ingredientes de la salsa hasta que estén bien combinados.

Sirva las zanahorias con la salsa para mojar. ¡Buen provecho!

Coliflor asada con hierbas

(Listo en unos 30 minutos | Porciones 4)

Por ración: Calorías: 175; Grasa: 14g; Carbohidratos: 10,7 g; Proteína: 3,7 g

Ingredientes

1 ½ libras de floretes de coliflor

1/4 taza de aceite de oliva

4 dientes de ajo, enteros

1 cucharada de albahaca fresca

1 cucharada de cilantro fresco

1 cucharada de orégano fresco

1 cucharada de romero fresco

1 cucharada de perejil fresco

Sal marina y pimienta negra molida, al gusto

1 cucharadita de hojuelas de pimiento rojo

Direcciones

Comience precalentando el horno a 425 grados F. Mezcle la coliflor con el aceite de oliva y colóquelos en una asadera forrada con pergamino.

Luego, asa los floretes de coliflor durante unos 20 minutos; revuélvalos con el ajo y las especias y continúe cocinando 10 minutos más.

Servir tibio. ¡Buen provecho!

Puré cremoso de brócoli y romero

(Listo en unos 15 minutos | Porciones 4)

Por ración: Calorías: 155; Grasa: 9,8 g; Carbohidratos: 14,1 g; Proteína: 5,7 g

Ingredientes

1 ½ libras de floretes de brócoli

3 cucharadas de mantequilla vegana

4 dientes de ajo, picados

2 ramitas de romero fresco, hojas recogidas y picadas

Sal marina y pimiento rojo, al gusto

1/4 taza de leche de soja, sin azúcar

Direcciones

Cueza al vapor los floretes de brócoli durante unos 10 minutos; déjalo a un lado para que se enfríe.

En una cacerola, derrita la mantequilla vegana a fuego moderadamente alto; ahora, saltee el ajo y el romero durante aproximadamente 1 minuto o hasta que estén fragantes.

Agregue los floretes de brócoli a su procesador de alimentos seguido de la mezcla salteada de ajo y romero, sal, pimienta y leche. Haz puré hasta que todo esté bien incorporado.

Adorne con algunas hierbas frescas adicionales, si lo desea, y sirva caliente. ¡Buen provecho!

Sartén fácil de acelgas

(Listo en unos 15 minutos | Porciones 4)

Por ración: Calorías: 169; Grasa: 11,1 g; Carbohidratos: 14,9 g; Proteína: 6,3 g

Ingredientes

3 cucharadas de aceite de oliva

1 chalote, en rodajas finas

1 pimiento rojo, sin semillas y cortado en cubitos

4 dientes de ajo, picados

1 taza de caldo de verduras

2 libras de acelgas, sin los tallos duros, cortadas en pedazos

Sal marina y pimienta negra molida, al gusto

Direcciones

En una cacerola, caliente el aceite de oliva a fuego medio-alto.

Luego, saltee la chalota y el pimiento durante unos 3 minutos o hasta que estén tiernos. Luego, saltee el ajo durante aproximadamente 1 minuto hasta que esté aromático.

Agregue el caldo y las acelgas y deje hervir. Encienda el fuego a fuego lento y continúe cocinando durante 10 minutos más.

Sazone con sal y pimienta negra al gusto y sirva caliente. ¡Buen provecho!

Col rizada estofada con vino

(Listo en unos 10 minutos | Porciones 4)

Por ración: Calorías: 205; Grasa: 11,8 g; Carbohidratos: 17,3 g; Proteína: 7,6 g

Ingredientes

1/2 taza de agua

1 ½ libras de col rizada

3 cucharadas de aceite de oliva

4 cucharadas de cebolletas, picadas

4 dientes de ajo, picados

1/2 taza de vino blanco seco

1/2 cucharadita de semillas de mostaza

Sal kosher y pimienta negra molida, al gusto

Direcciones

En una cacerola grande, hierva el agua. Agregue la col rizada y deje que se cocine hasta que esté brillante, aproximadamente 3 minutos. Escurrir y exprimir para secar.

Limpie la cacerola con toallas de papel y precaliente el aceite de oliva a fuego moderado. Una vez caliente, cocine las cebolletas y el ajo durante aproximadamente 2 minutos, hasta que estén fragantes.

Agregue el vino, fluido por la col rizada, las semillas de mostaza, la sal, la pimienta negra; continúe cocinando, tapado, durante otros 5 minutos o hasta que se caliente por completo.

Repartir en tazones individuales y servir caliente. ¡Buen provecho!

Judías verdes francesas

(Listo en unos 10 minutos | Porciones 4)

Por ración: Calorías: 197; Grasa: 14,5 g; Carbohidratos: 14,4 g; Proteína: 5,4 g

Ingredientes

1 ½ tazas de caldo de verduras

1 tomate Roma, en puré

1 ½ libras de judías verdes, recortadas

4 cucharadas de aceite de oliva

2 dientes de ajo, picados

1/2 cucharadita de pimiento rojo

1/2 cucharadita de semillas de comino

1/2 cucharadita de orégano seco

Sal marina y pimienta negra recién molida, al gusto

1 cucharada de jugo de limón fresco

Direcciones

Llevar a ebullición el caldo de verduras y el puré de tomate. Agregue los frijoles verdes y deje que se cocinen durante unos 5 minutos hasta que los frijoles verdes estén tiernos y crujientes; reservar.

En una cacerola, caliente el aceite de oliva a fuego medio-alto; saltea el ajo durante 1 minuto o hasta que esté aromático.

Agregue las especias y las judías verdes reservadas; Deja que se cocine durante unos 3 minutos hasta que esté bien cocido.

Sirva con unas gotas de jugo de limón fresco. ¡Buen provecho!

Puré de nabo mantecoso

(Listo en unos 35 minutos | Porciones 4)

Por ración: Calorías: 187; Grasa: 13,6 g; Carbohidratos: 14g; Proteína: 3,6 g

Ingredientes

2 tazas de agua

1 ½ libras de nabos, pelados y cortados en trozos pequeños

4 cucharadas de mantequilla vegana

1 taza de leche de avena

2 ramitas de romero fresco, picadas

1 cucharada de perejil fresco, picado

1 cucharadita de pasta de jengibre y ajo

Sal kosher y pimienta negra recién molida

1 cucharadita de hojuelas de pimiento rojo, trituradas

Direcciones

Llevar el agua a ebullición; encienda el fuego a fuego lento y cocine el nabo durante unos 30 minutos; drenar.

Con una batidora de inmersión, haga puré los nabos con la mantequilla vegana, la leche, el romero, el perejil, la pasta de jengibre y ajo, la sal, la pimienta negra, las hojuelas de pimiento rojo, y agregue el líquido de cocción, si es necesario.

¡Buen provecho!

Calabacines salteados con hierbas

(Listo en unos 10 minutos | Porciones 4)

Por ración: Calorías: 99; Grasa: 7,4 g; Carbohidratos: 6g; Proteína: 4,3 g

Ingredientes

2 cucharadas de aceite de oliva

1 cebolla, en rodajas

2 dientes de ajo, picados

1 ½ libras de calabacín, en rodajas

Sal marina y pimienta negra recién molida, al gusto

1 cucharadita de pimienta de cayena

1/2 cucharadita de albahaca seca

1/2 cucharadita de orégano seco

1/2 cucharadita de romero seco

Direcciones

En una cacerola, caliente el aceite de oliva a fuego medio-alto.

Una vez caliente, saltee la cebolla durante unos 3 minutos o hasta que esté tierna. Luego, saltee el ajo durante aproximadamente 1 minuto hasta que esté aromático.

Agregue el calabacín, junto con las especias y continúe salteando durante 6 minutos más hasta que estén tiernos.

Pruebe y ajuste los condimentos. ¡Buen provecho!

Puré de batatas

(Listo en unos 20 minutos | Porciones 4)

Por ración: Calorías: 338; Grasa: 6,9 g; Carbohidratos: 68g; Proteína: 3,7 g

Ingredientes

1 ½ libras de batatas, peladas y cortadas en cubitos

2 cucharadas de mantequilla vegana, derretida

1/2 taza de sirope de agave

1 cucharadita de especias para pastel de calabaza

Una pizca de sal marina

1/2 taza de leche de coco

Direcciones

Cubra las batatas con una pulgada o dos de agua fría. Cocine las batatas en agua hirviendo suavemente durante unos 20 minutos; escurrir bien.

Agregue las batatas al tazón de su procesador de alimentos; agregue la mantequilla vegana, el jarabe de agave, las especias para pastel de calabaza y la sal.

Continuar haciendo puré, añadiendo poco a poco la leche hasta que todo esté bien incorporado. ¡Buen provecho!

Trompeta Rey Asada al Jerez

(Listo en unos 20 minutos | Porciones 4)

Por ración: Calorías: 138; Grasa: 7,8 g; Carbohidratos: 11,8 g; Proteína: 5,7 g

Ingredientes

1 ½ libras de champiñones trompeta real, limpios y cortados por la mitad a lo largo.

2 cucharadas de aceite de oliva

4 dientes de ajo, picados o picados

1/2 cucharadita de romero seco

1/2 cucharadita de tomillo seco

1/2 cucharadita de hojuelas de perejil seco

1 cucharadita de mostaza Dijon

1/4 taza de jerez seco

Sal marina y pimienta negra recién molida, al gusto

Direcciones

Comience precalentando su horno a 390 grados F. Cubra una bandeja para hornear grande con papel pergamino.

En un tazón, mezcle los champiñones con los ingredientes restantes hasta que estén bien cubiertos por todos lados.

Coloque los champiñones en una sola capa en el molde para hornear preparado.

Asa los champiñones durante aproximadamente 20 minutos, revolviéndolos a la mitad de la cocción.

¡Buen provecho!

Puré de remolacha y patata

(Listo en unos 35 minutos | Porciones 5)

Por ración: Calorías: 177; Grasa: 5,6 g; Carbohidratos: 28,2 g; Proteína: 4g

Ingredientes

1 ½ libras de papas, peladas y cortadas en cubitos

1 libra de remolacha, pelada y cortada en cubitos

2 cucharadas de mantequilla vegana

1/2 cucharadita de mostaza deli

1/2 taza de leche de soya

1/2 cucharadita de comino molido

1 cucharadita de pimentón

Sal marina y pimienta negra molida, al gusto

Direcciones

Cuece las patatas y la remolacha en agua hirviendo con sal hasta que se ablanden, unos 30 minutos; drenar.

Haga puré las verduras con la mantequilla vegana, la mostaza, la leche, el comino, el pimentón, la sal y la pimienta negra hasta obtener la consistencia deseada.

¡Buen provecho!

Gachas De Quinoa Con Higos Secos

(Listo en unos 25 minutos | Porciones 3)

Por porción: Calorías: 414; Grasa: 9g; Carbohidratos: 71,2 g; Proteína: 13,8 g

Ingredientes

1 taza de quinua blanca, enjuagada

2 tazas de leche de almendras

4 cucharadas de azúcar moreno

Una pizca de sal

1/4 cucharadita de nuez moscada rallada

1/2 cucharadita de canela molida

1/2 cucharadita de extracto de vainilla

1/2 taza de higos secos, picados

Direcciones

En una cacerola coloca la quínoa, la leche de almendras, el azúcar, la sal, la nuez moscada, la canela y el extracto de vainilla.

Llévalo a ebullición a fuego medio-alto. Encienda el fuego a fuego lento y deje que se cocine durante unos 20 minutos; pelusa con un tenedor.

Divida entre tres tazones para servir y adorne con higos secos. ¡Buen provecho!

Budín de pan con pasas

(Listo en aproximadamente 1 hora | Porciones 4)

Por porción: Calorías: 474; Grasa: 12,2 g; Carbohidratos: 72g; Proteína: 14,4 g

Ingredientes

4 tazas de pan del día anterior, en cubos

1 taza de azúcar moreno

4 tazas de leche de coco

1/2 cucharadita de extracto de vainilla

1 cucharadita de canela molida

2 cucharadas de ron

1/2 taza de pasas

Direcciones

Comience precalentando su horno a 360 grados F. Engrase ligeramente una cacerola con aceite en aerosol antiadherente.

Coloque el pan en cubos en la cacerola preparada.

En un tazón, combine bien el azúcar, la leche, la vainilla, la canela, el ron y las pasas. Vierta la crema pastelera uniformemente sobre los cubos de pan.

Déjalo en remojo durante unos 15 minutos.

Hornee en el horno precalentado durante unos 45 minutos o hasta que la parte superior esté dorada y lista. ¡Buen provecho!

www.ingramcontent.com/pod-product-compliance
Lightning Source LLC
Chambersburg PA
CBHW071236080526
44587CB00013BA/1636